VISUAL

ASUNTOIMPRESOEDICIONES

Contenidos: **El ojo humano** Proporciones de la cara
los aviones? Avioncito de papel De alto vuelo Alfabeto
Nudos Nudos de corbata Aprender a tejer Los pali
El corazón Circulación sanguínea Corrientes oce
Submarino Ballena azul La respiración de los pec
y sus canchas Pelotas Planetas Constelaciones La
de la ficción Tierra Marte Telescopios La cámara
Esqueleto humano Músculos Los animales más velo
industria del siglo XIX Energía eólica Teoría del
Panqueques Dientes Sistema digestivo humano M
con toalla Barquito de papel Las nubes Arcoiris La
reflexología auricular Puntos de reflexología pod
Diamantes Carbono Historia geológica de la tierra P
cerebro humano Sistema nervioso Ríos sudamerica
Gótica Arquitectura Clásica Dioses griegos y roman
Unidades de medida Horas de vuelo Husos horari
Manos de Póker Las monedas del mundo El truco d
de piano Decibeles Big Bang Cantidad de energía p
Criptozoología Criaturas de la mitología griega Trián
bodas Brindis Copas y vasos Contra la resaca Cafés Que
de una orquesta Matices vocales de ópera Patrones

ticones Alfabeto fonético internacional ¿Cómo vuelan
náforo Banderas del mundo Viajes de descubrimiento
chinos Sombras chinescas Globología Los pulmones
cas Aguas profundas Buceadores de profundidad
rol Snowboard Ski ...atlones Ajedrez Los deportes
rera del espacio Naves espaciales Naves espaciales
gráfica La fotosíntesis Hojas Encastres de madera
Los vehículos más veloces Mecánica automotriz La
or Tragos Papilas gustativas Una dieta balanceada
bra de Heimlich Defensa personal Vendajes Pañal
ocidad de la luz La velocidad del sonido Puntos de
uellas de animales Dinosaurios Criaturas Bichos
as tectónicas Un volcán Pelo Cortes Sombreros El
Ciclo del agua Montañas Rascacielos Arquitectura
eorema de Pitágoras Teoremas de la circunferencia
ablas de multiplicar Disposición formal de la mesa
moneda Cuna de gato Acordes de guitarra Acordes
ora Código de golpes Código Morse Señas de buceo
de las Bermudas Podio de apellidos Aniversarios de
Períodos de gestación Expectativa de vida Disposición
dirección orquestal Juguetes del siglo XX Camuflaje

El ojo humano

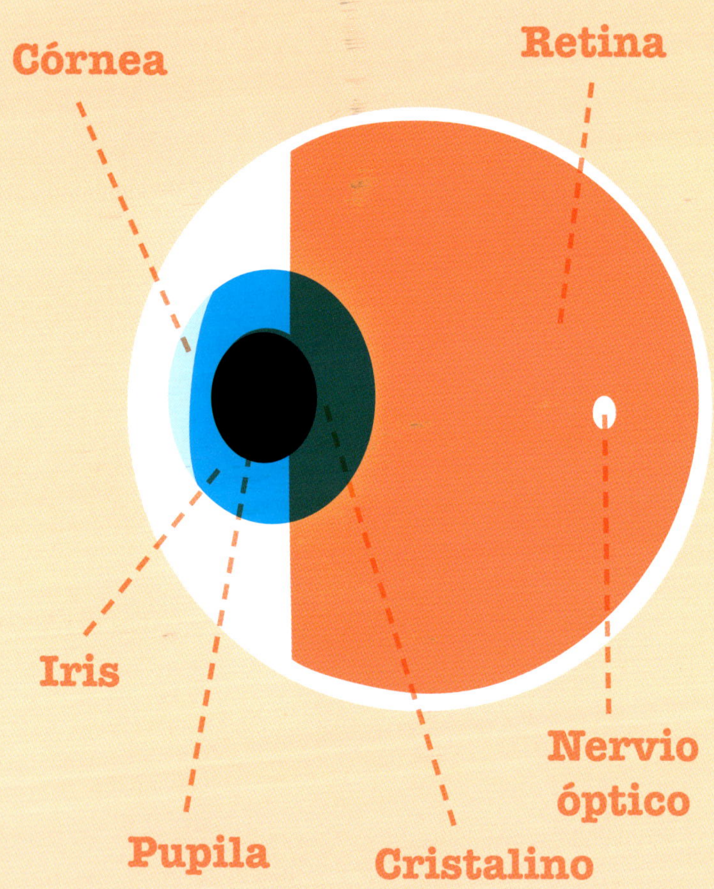

Proporciones de la cara

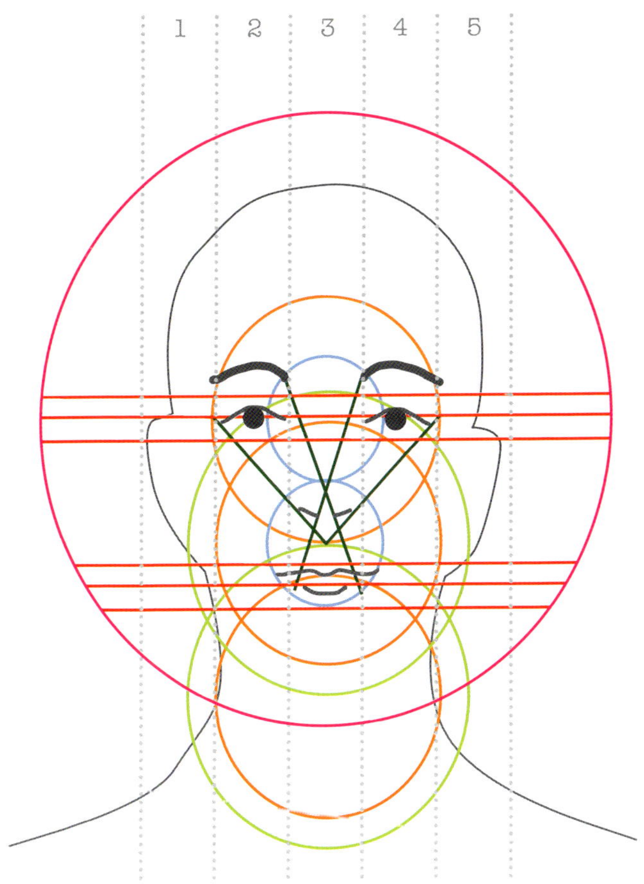

Emoticones

:-)	8-)	:-[
;-)	B:-)	:-E
:-(	:!-)	:-F
:-I	B-)	:-7
:->	8:-)	:-*
>;->	:-)-8	:-)~
(-:	:-{)	:'-(
%-)	:-{	:'-)
:*)	{:-)	:-@
[:]	}:-(	:-#

A	**Alpha**
B	**Bravo**
C	**Charlie**
D	**Delta**
E	**Echo**
F	**Foxtrot**
G	**Golf**
H	**Hotel**
I	**India**
J	**Juliet**
K	**Kilo**
L	**Lima**
M	**Mike**
N	**November**
O	**Oscar**
P	**Papa**
Q	**Quebec**
R	**Romeo**
S	**Sierra**
T	**Tango**
U	**Uniform**
V	**Victor**
W	**Whiskey**
X	**X-ray**
Y	**Yankee**
Z	**Zulu**

¿Cómo vuelan los aviones?

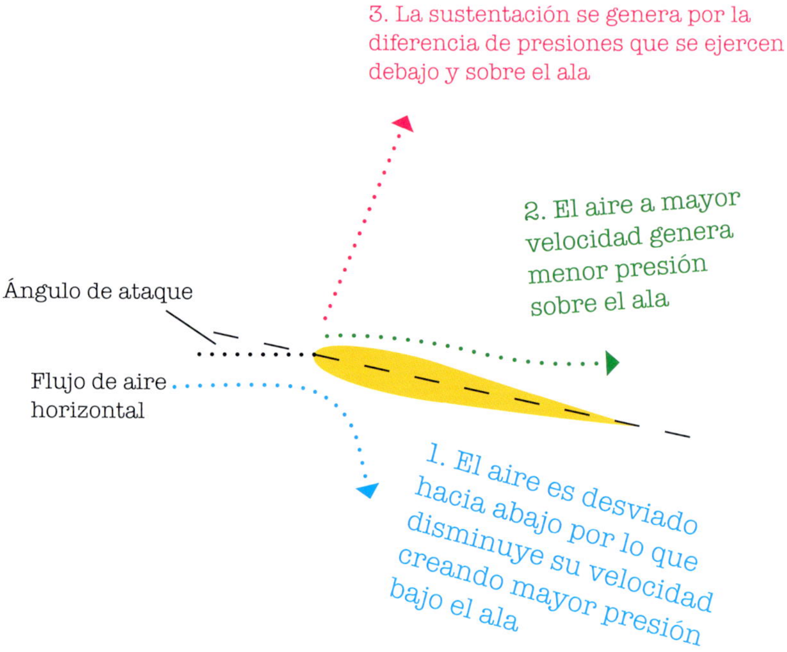

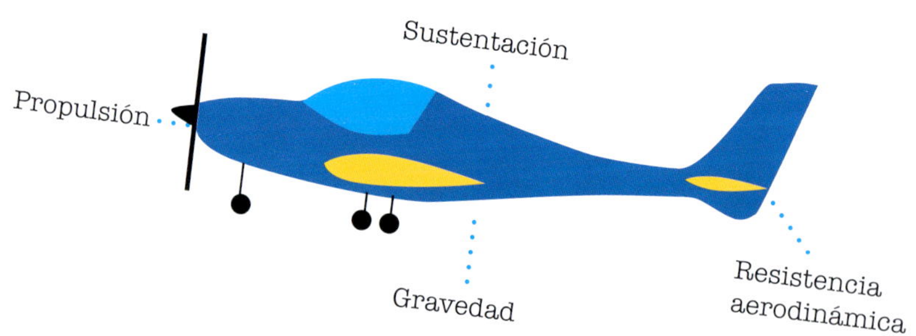

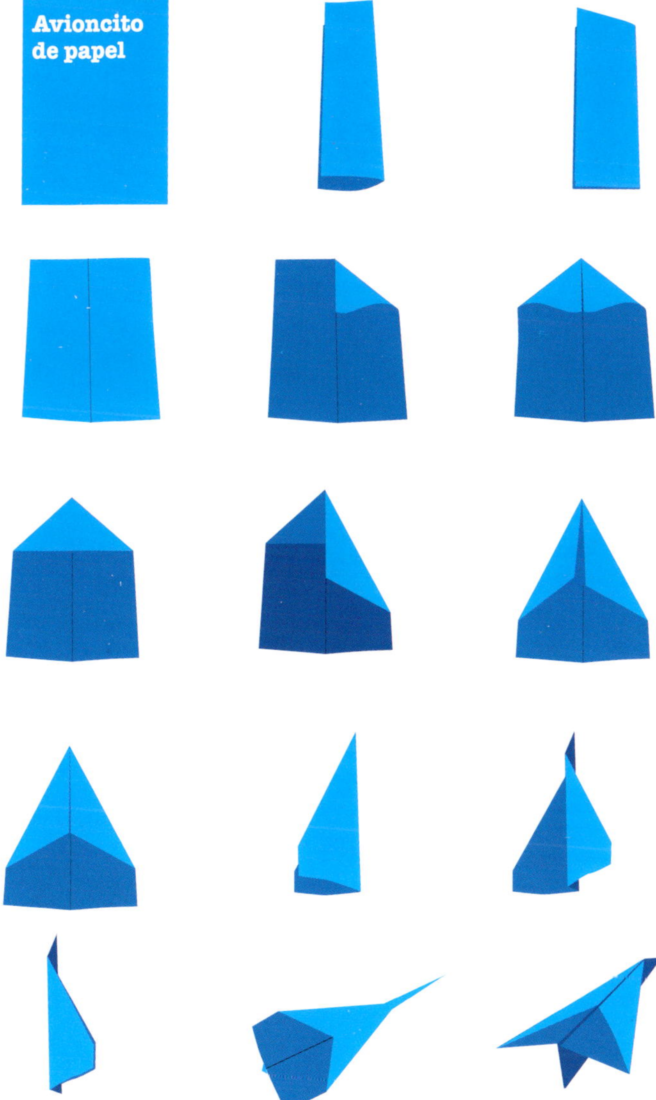
Avioncito
de papel

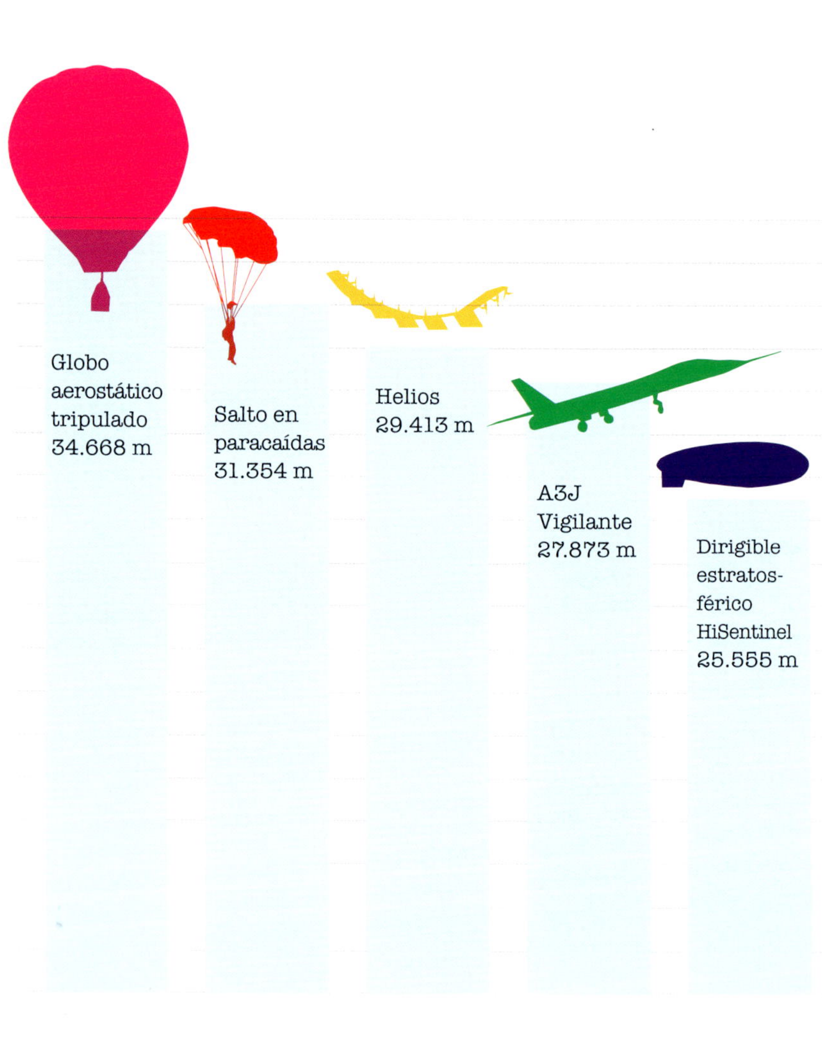

Globo
aerostático
tripulado
34.668 m
Salto en
paracaídas
31.354 m
Helios
29.413 m
A3J
Vigilante
27.873 m
Dirigible
estratos-
férico
HiSentinel
25.555 m

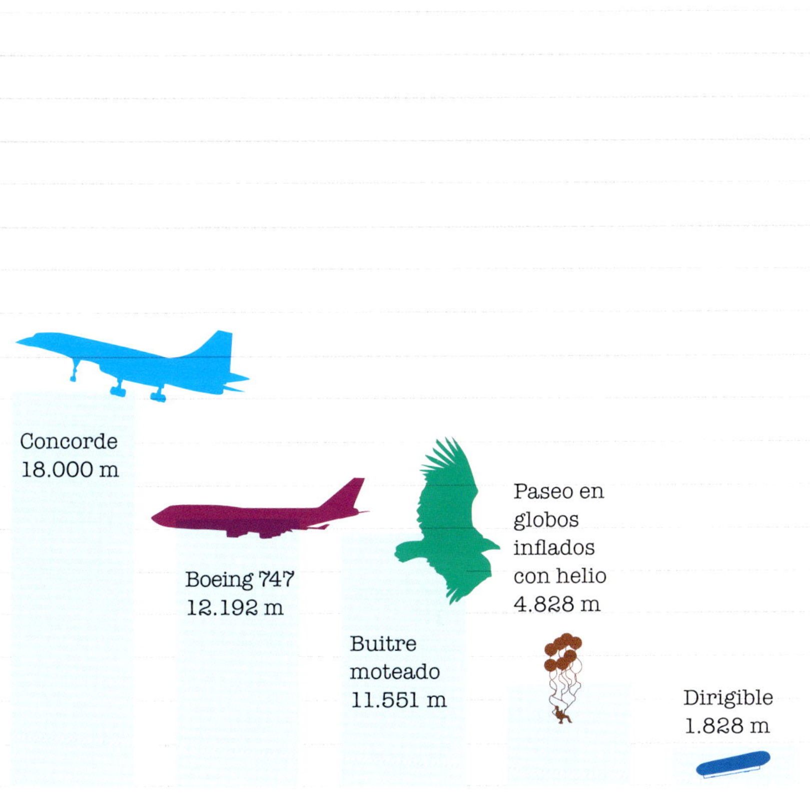

Concorde
18.000 m
Boeing 747
12.192 m
Buitre
moteado
11.551 m
Paseo en
globos
inflados
con helio
4.828 m
Dirigible
1.828 m

Alfabeto semáforo

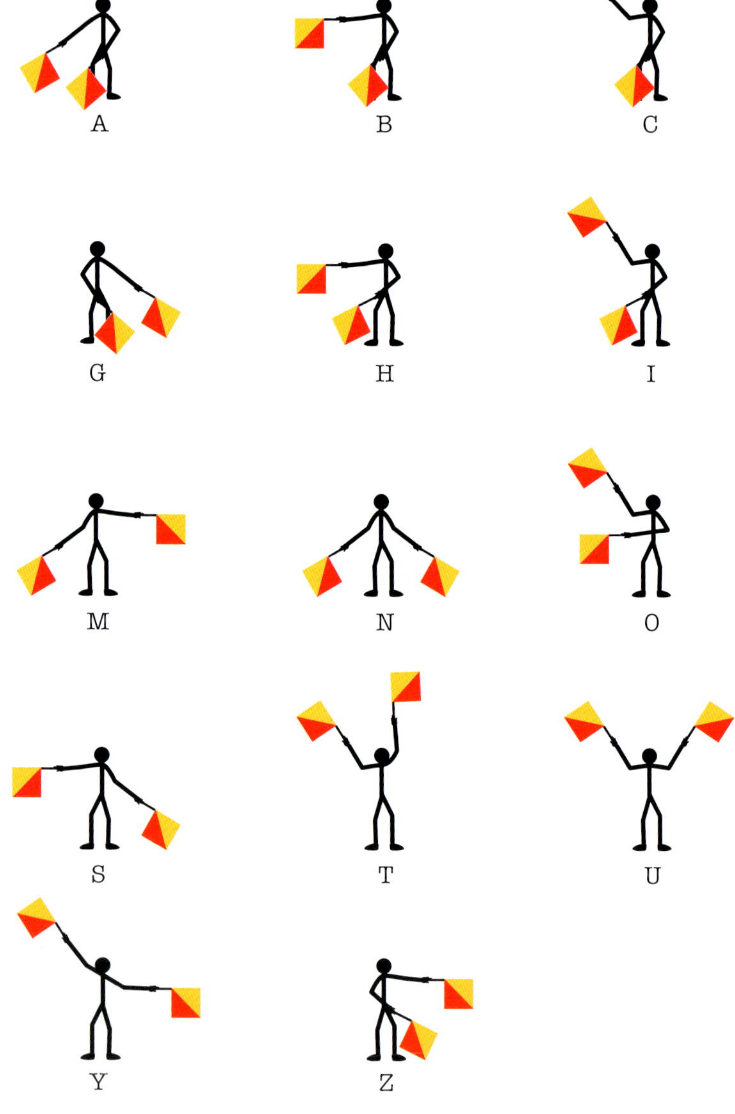

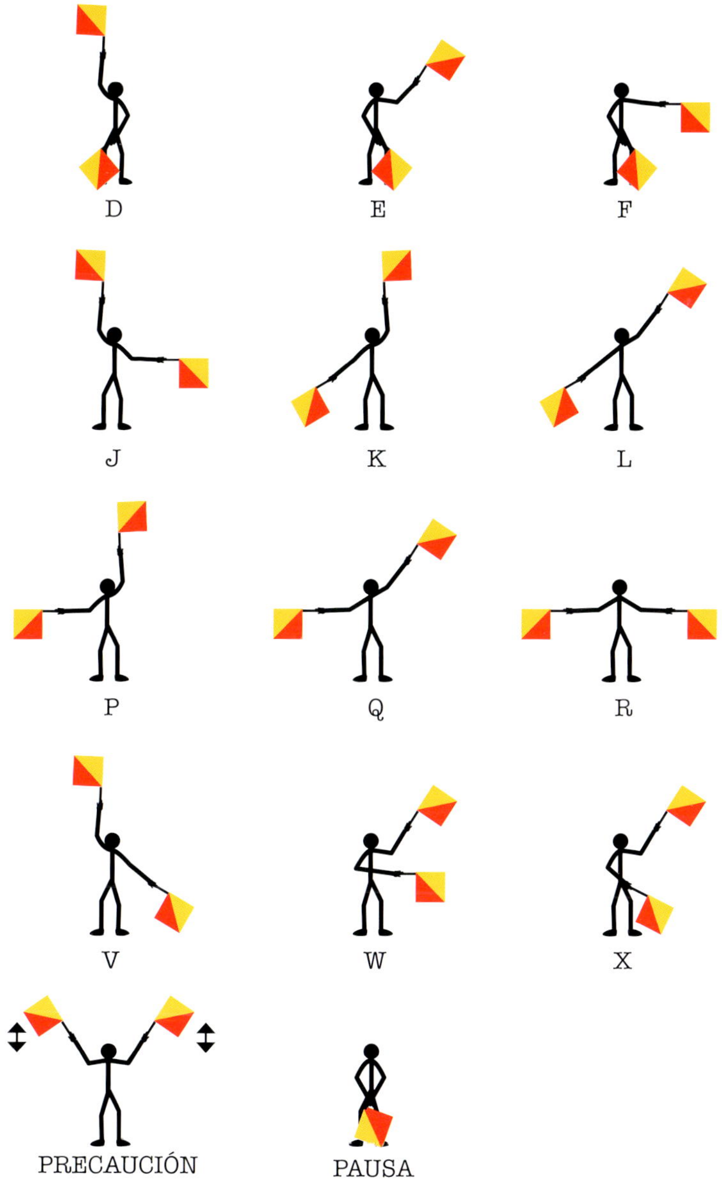

D
E
F

J
K
L

P
Q
R

V
W
X

PRECAUCIÓN
PAUSA

Banderas del mundo

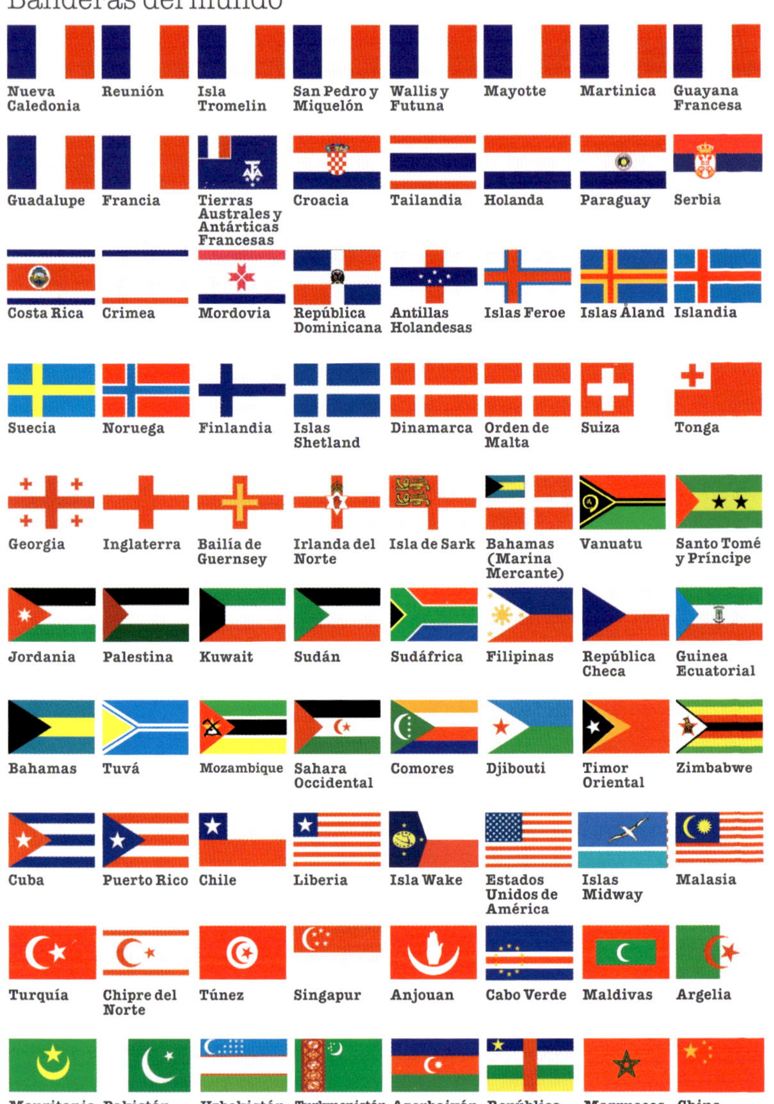

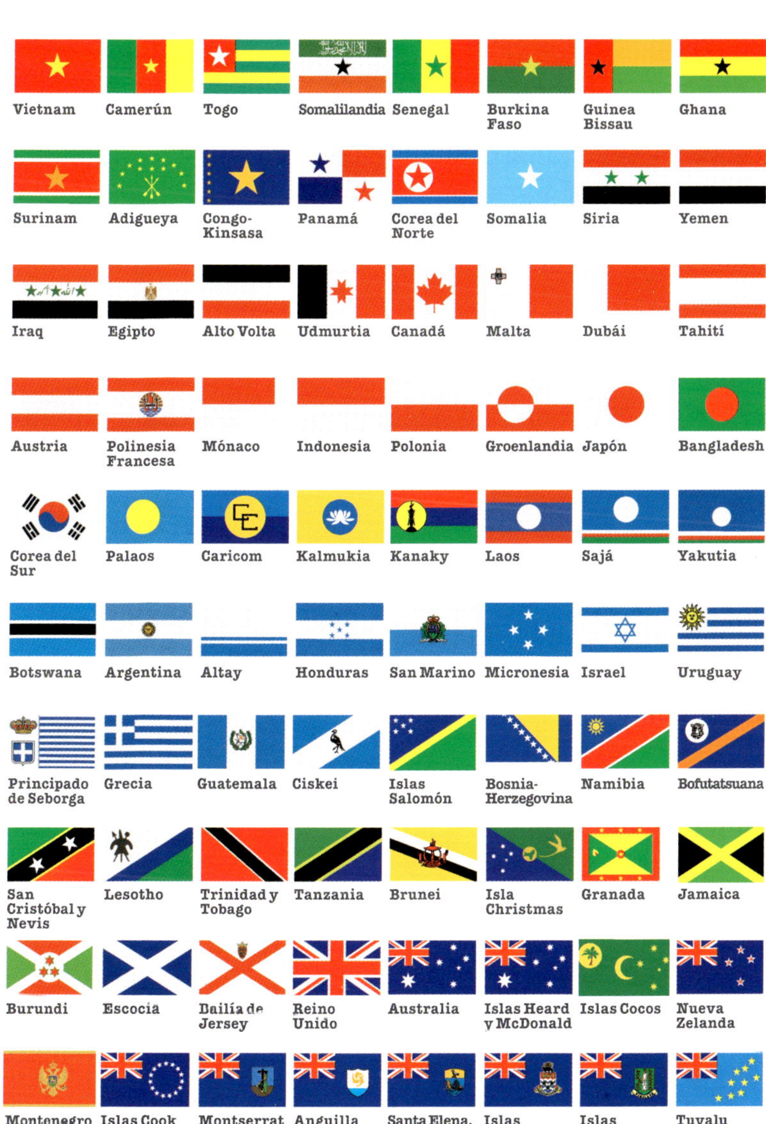

Vietnam
Camerún
Togo
Somalilandia
Senegal
Burkina Faso
Guinea Bissau
Ghana
Surinam
Adigueya
Congo-Kinsasa
Panamá
Corea del Norte
Somalia
Siria
Yemen
Iraq
Egipto
Alto Volta
Udmurtia
Canadá
Malta
Dubái
Tahití
Austria
Polinesia Francesa
Mónaco
Indonesia
Polonia
Groenlandia
Japón
Bangladesh
Corea del Sur
Palaos
Caricom
Kalmukia
Kanaky
Laos
Sajá
Yakutia
Botswana
Argentina
Altay
Honduras
San Marino
Micronesia
Israel
Uruguay
Principado de Seborga
Grecia
Guatemala
Ciskei
Islas Salomón
Bosnia-Herzegovina
Namibia
Bofutatsuana
San Cristóbal y Nevis
Lesotho
Trinidad y Tobago
Tanzania
Brunei
Isla Christmas
Granada
Jamaica
Burundi
Escocia
Bailía de Jersey
Reino Unido
Australia
Islas Heard y McDonald
Islas Cocos
Nueva Zelanda
Montenegro
Islas Cook
Montserrat
Anguilla
Santa Elena, Ascención y Tristán de Acuña
Islas Caimán
Islas Vírgenes Británicas
Tuvalu

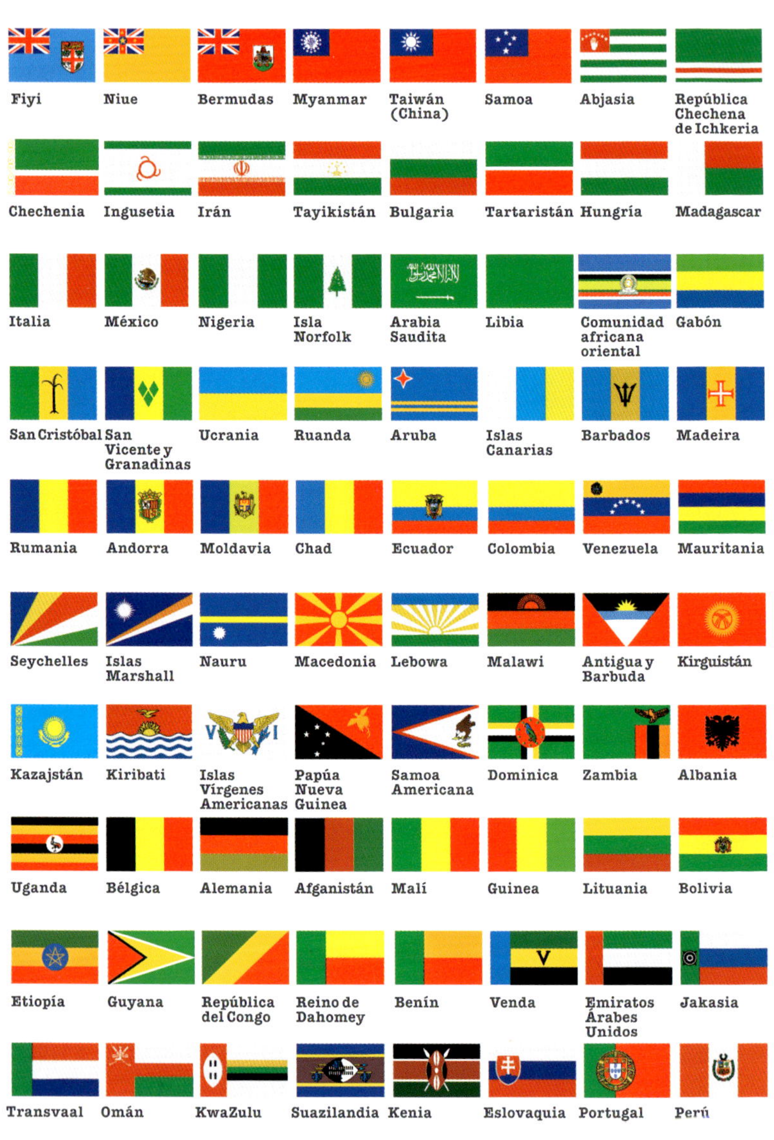

Fiyi
Niue
Bermudas
Myanmar
Taiwán (China)
Samoa
Abjasia
República Chechena de Ichkeria
Chechenia
Ingusetia
Irán
Tayikistán
Bulgaria
Tartaristán
Hungría
Madagascar
Italia
México
Nigeria
Isla Norfolk
Arabia Saudita
Libia
Comunidad africana oriental
Gabón
San Cristóbal
San Vicente y Granadinas
Ucrania
Ruanda
Aruba
Islas Canarias
Barbados
Madeira
Rumania
Andorra
Moldavia
Chad
Ecuador
Colombia
Venezuela
Mauritania
Seychelles
Islas Marshall
Nauru
Macedonia
Lebowa
Malawi
Antigua y Barbuda
Kirguistán
Kazajstán
Kiribati
Islas Vírgenes Americanas
Papúa Nueva Guinea
Samoa Americana
Dominica
Zambia
Albania
Uganda
Bélgica
Alemania
Afganistán
Malí
Guinea
Lituania
Bolivia
Etiopía
Guyana
República del Congo
Reino de Dahomey
Benín
Venda
Emiratos Árabes Unidos
Jakasia
Transvaal
Omán
KwaZulu
Suazilandia
Kenia
Eslovaquia
Portugal
Perú

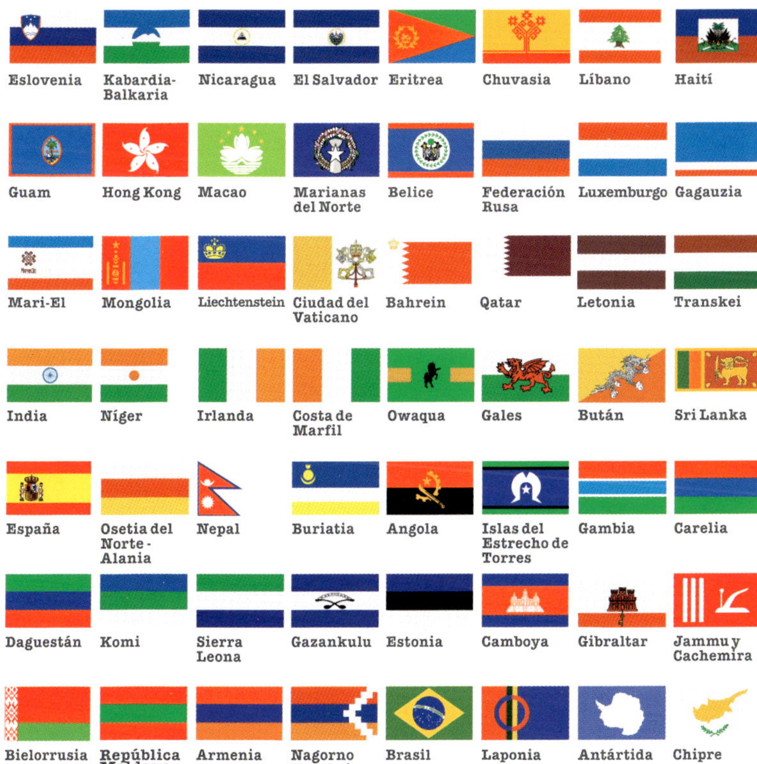

Eslovenia
Kabardia-Balkaria
Nicaragua
El Salvador
Eritrea
Chuvasia
Líbano
Haití
Guam
Hong Kong
Macao
Marianas del Norte
Belice
Federación Rusa
Luxemburgo
Gagauzia
Mari-El
Mongolia
Liechtenstein
Ciudad del Vaticano
Bahrein
Qatar
Letonia
Transkei
India
Níger
Irlanda
Costa de Marfil
Owaqua
Gales
Bután
Sri Lanka
España
Osetia del Norte - Alania
Nepal
Buriatia
Angola
Islas del Estrecho de Torres
Gambia
Carelia
Daguestán
Komi
Sierra Leona
Gazankulu
Estonia
Camboya
Gibraltar
Jammu y Cachemira
Bielorrusia
República Moldava Pridnestroviana
Armenia
Nagorno Karabaj
Brasil
Laponia
Antártida
Chipre
Santa Lucía

Viajes de descubrimiento

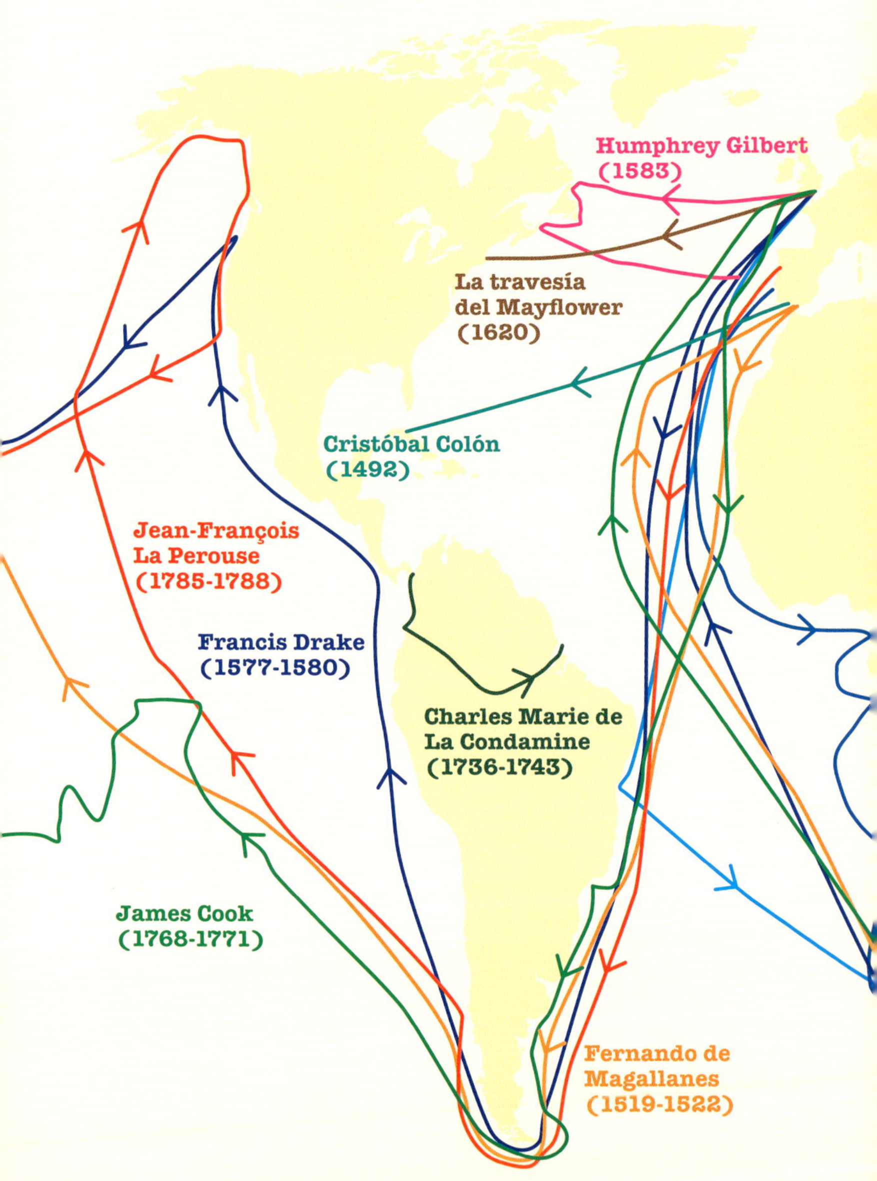

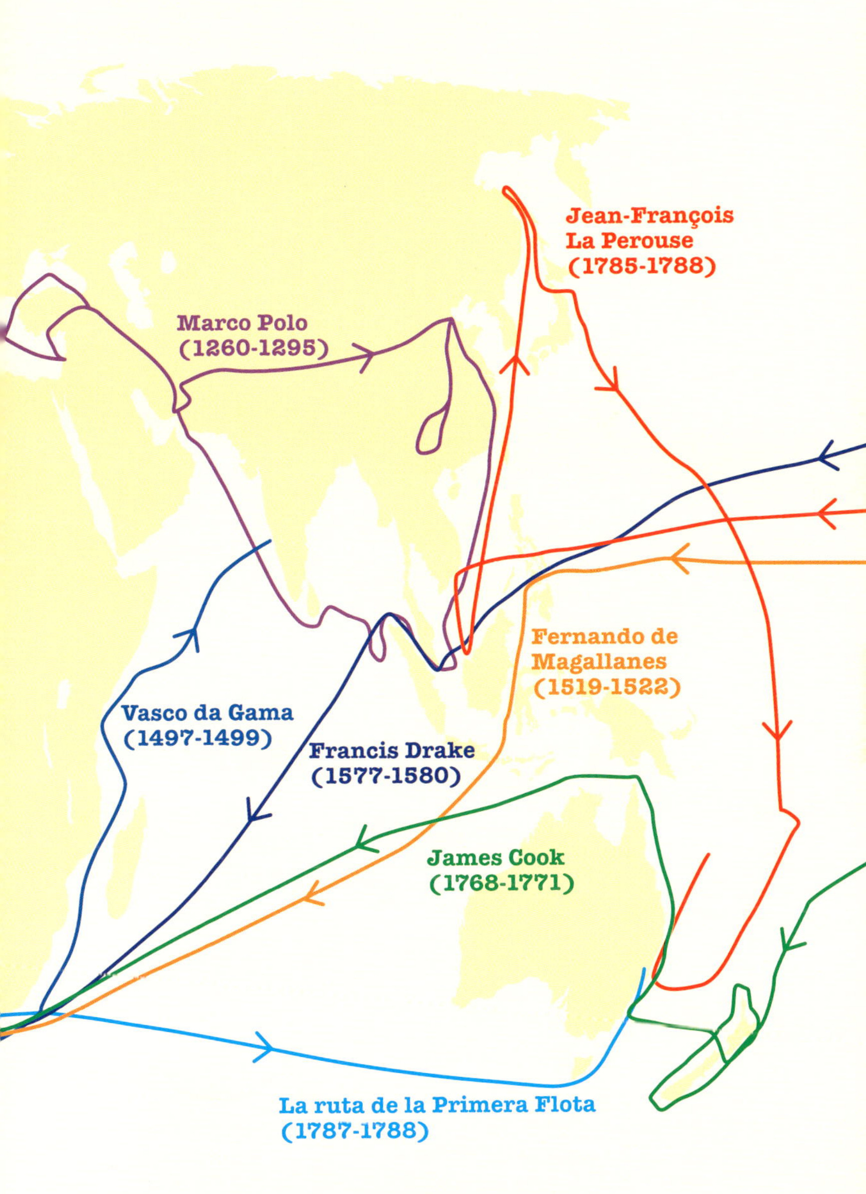

Marco Polo
(1260-1295)
Jean-François
La Perouse
(1785-1788)
Fernando de
Magallanes
(1519-1522)
Vasco da Gama
(1497-1499)
Francis Drake
(1577-1580)
James Cook
(1768-1771)
La ruta de la Primera Flota
(1787-1788)

Nudos

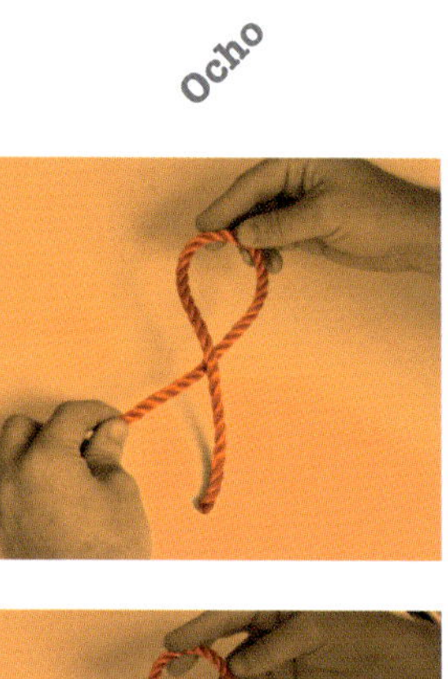

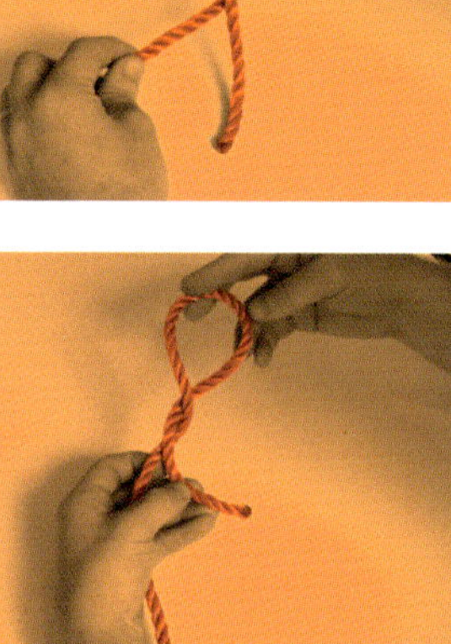

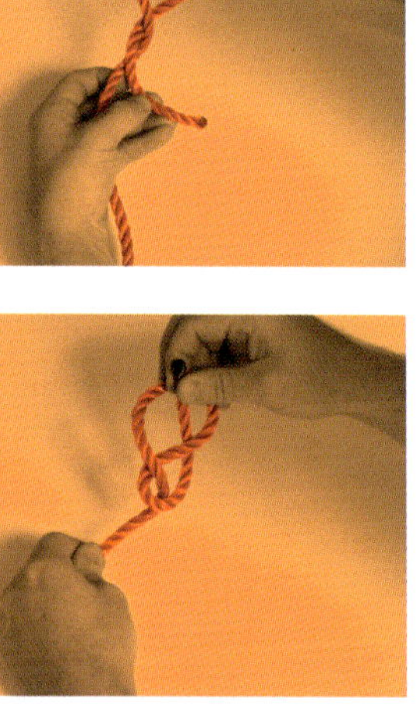

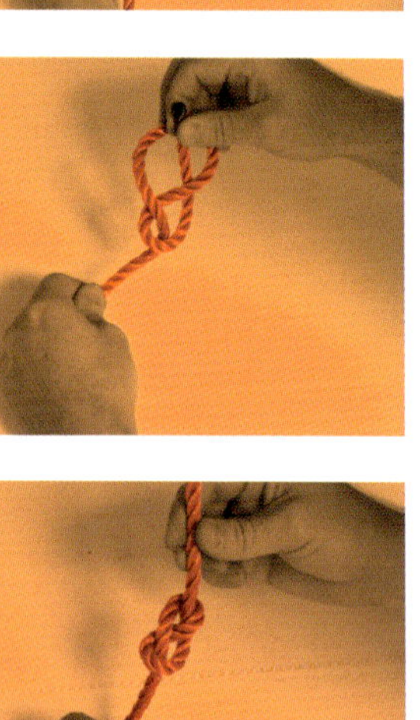

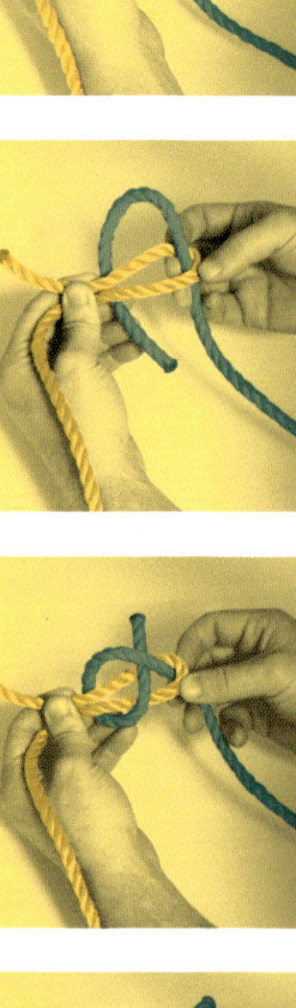

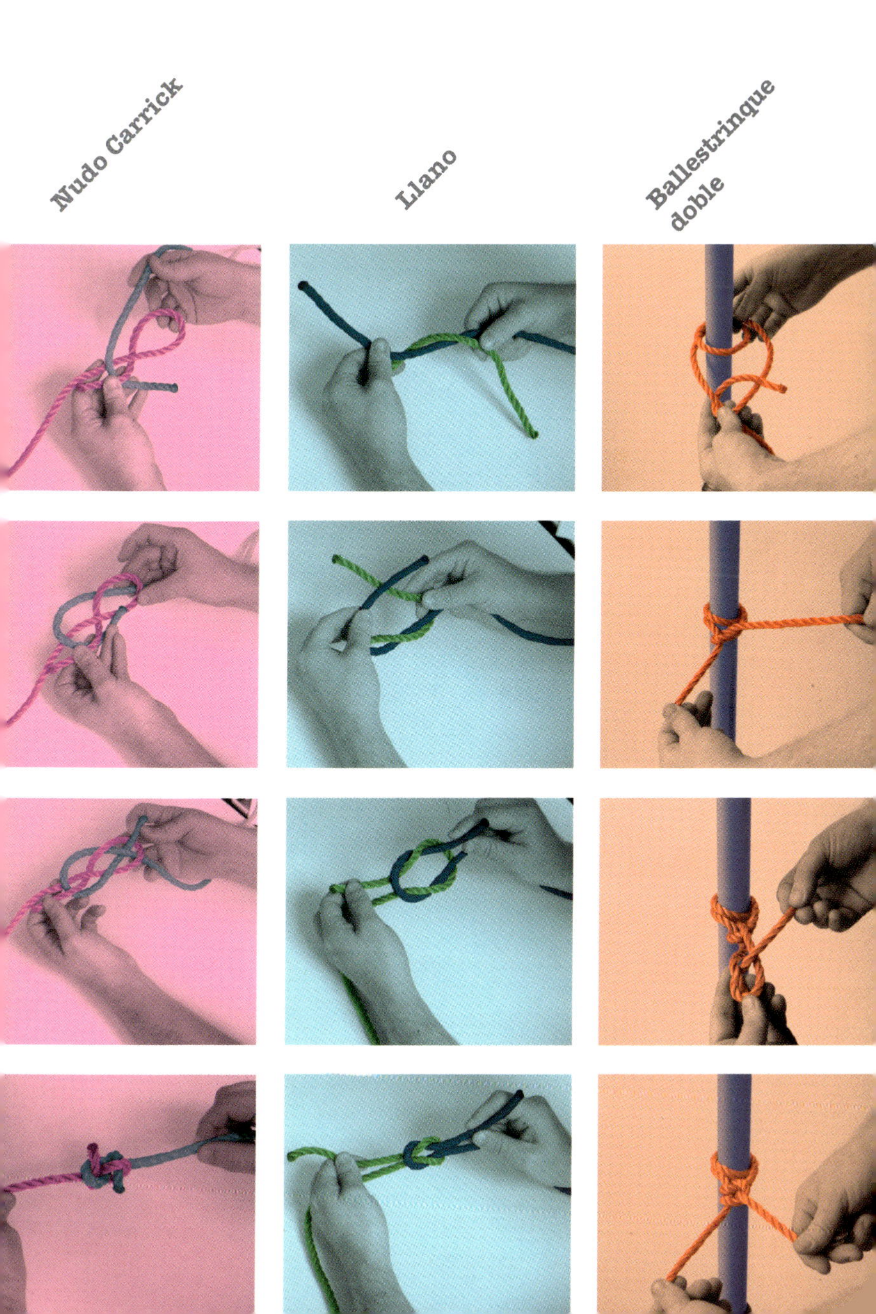

Nudo Carrick
Llano
Ballestrinque doble

Nudos de corbata

Cuatro en mano

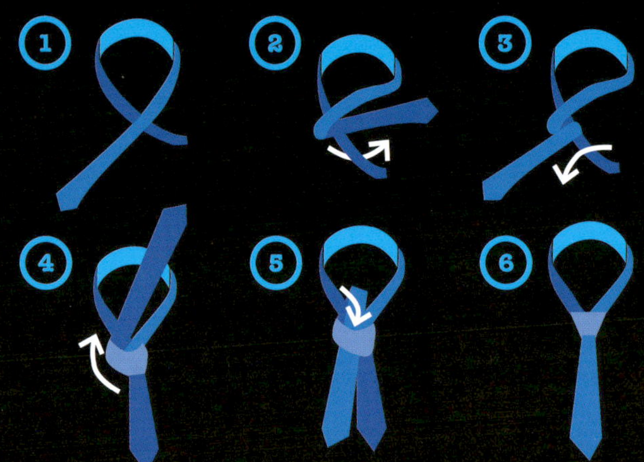

Windsor

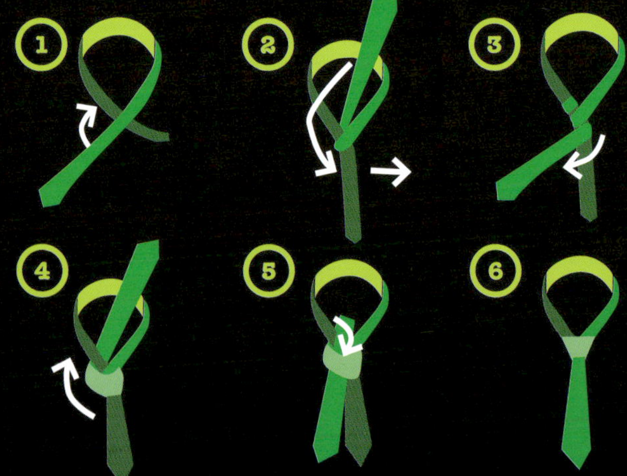

Medio Windsor

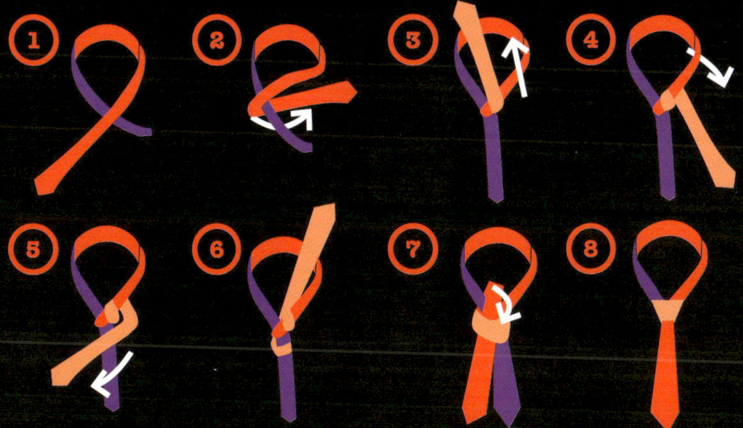

Moño

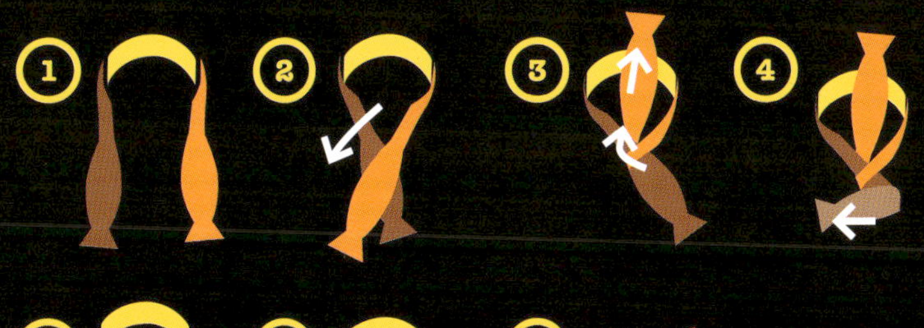

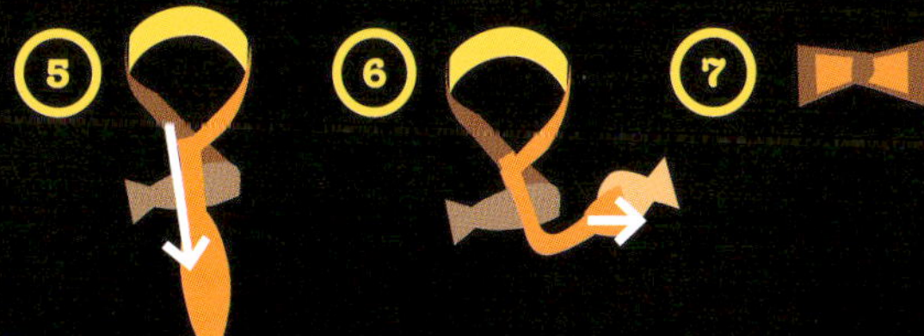

Aprender a tejer

Pasos a seguir:

El nudo →

El punto básico

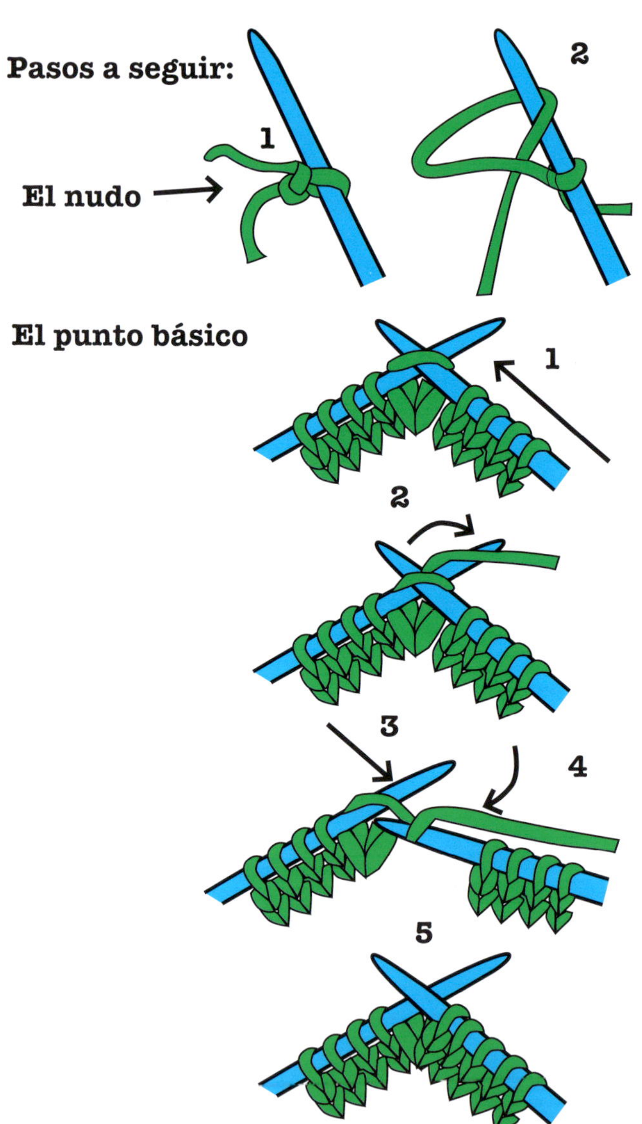

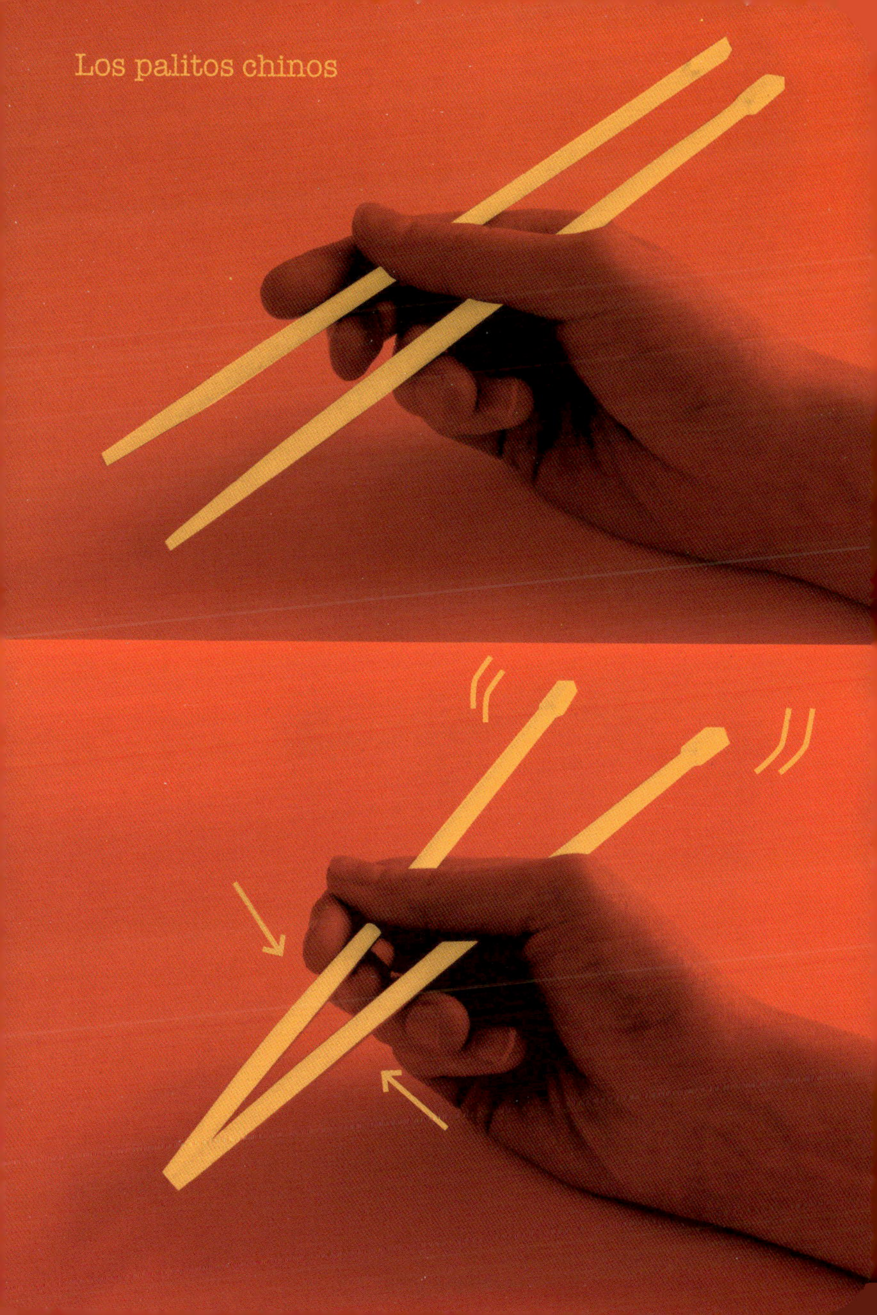

Los palitos chinos

Sombras chinescas

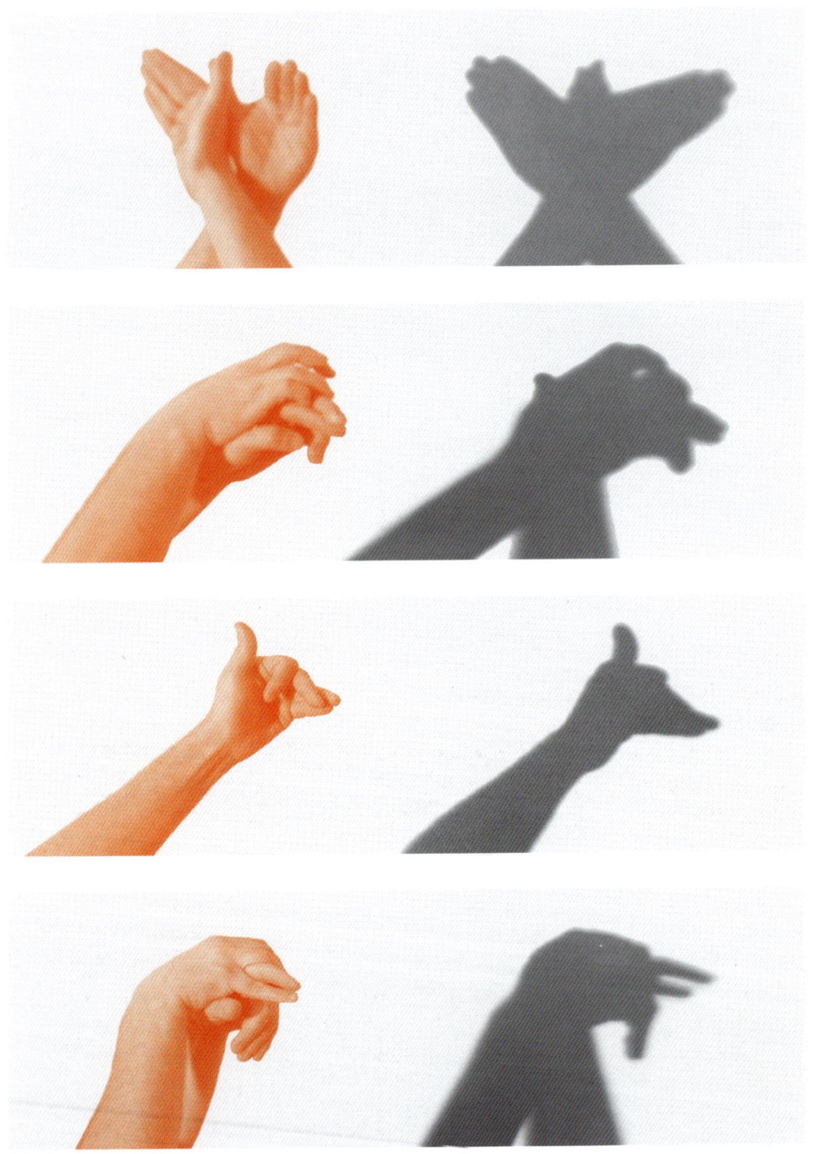

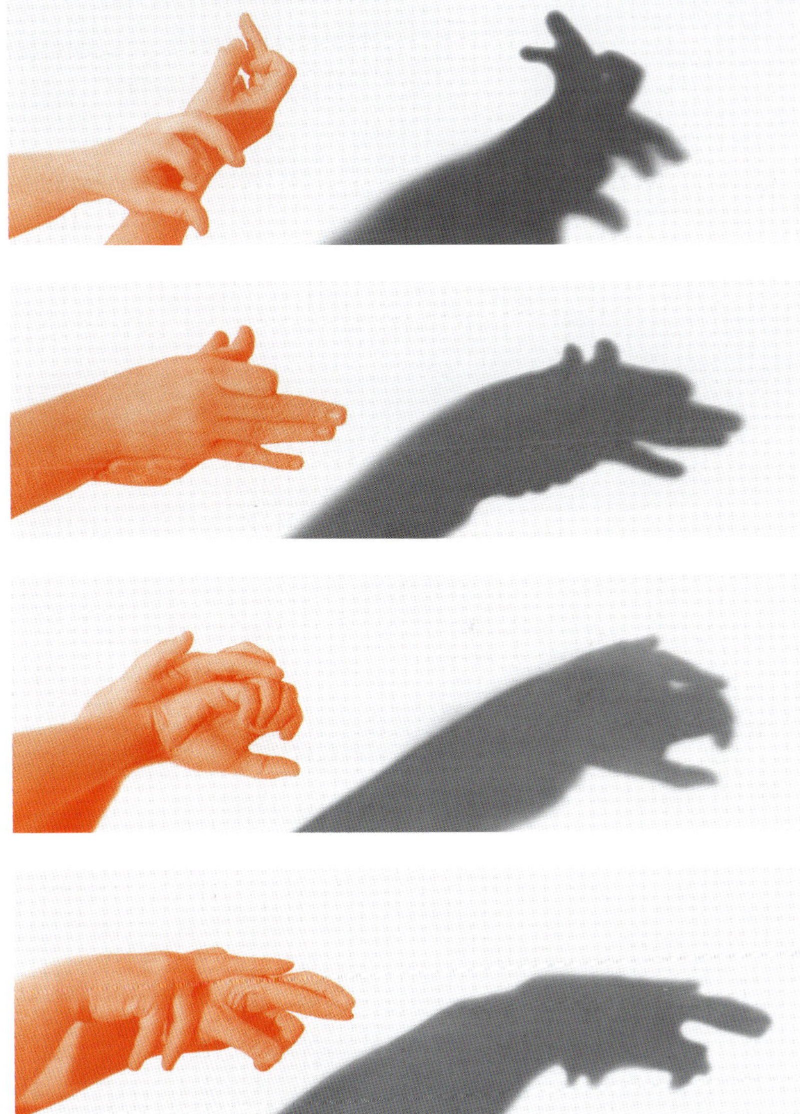

Globología

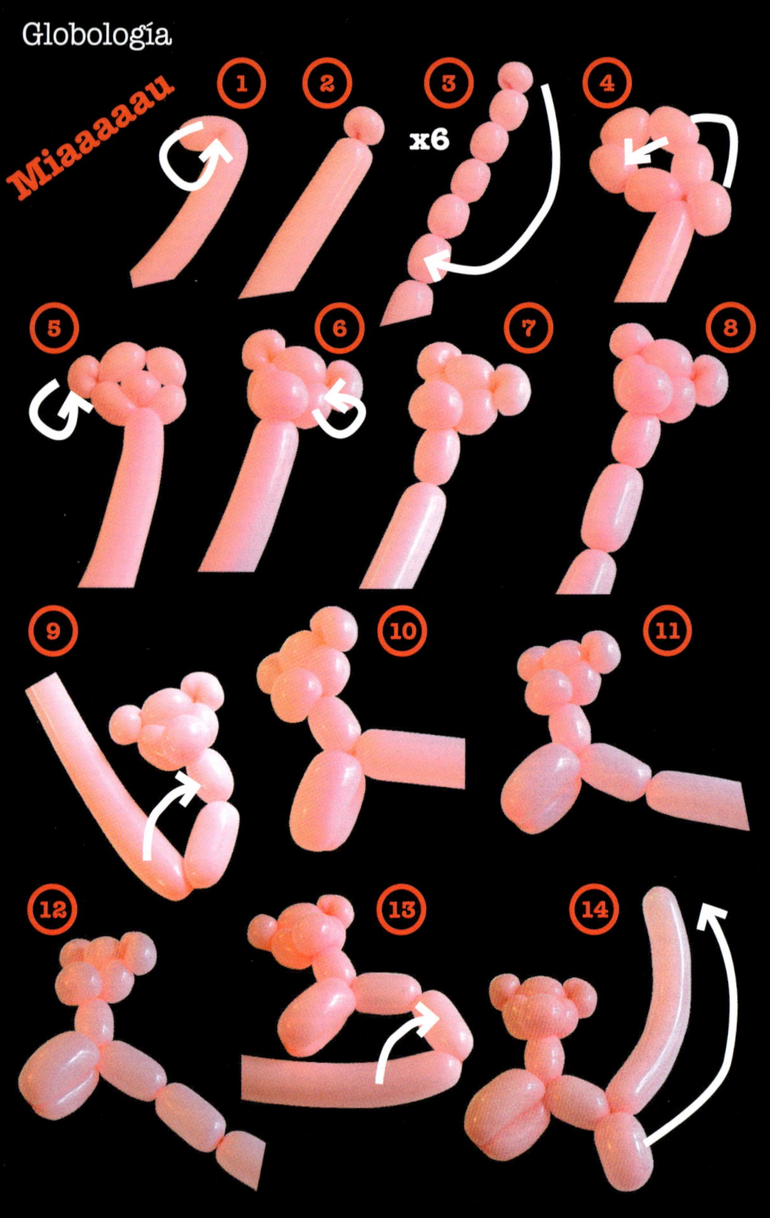

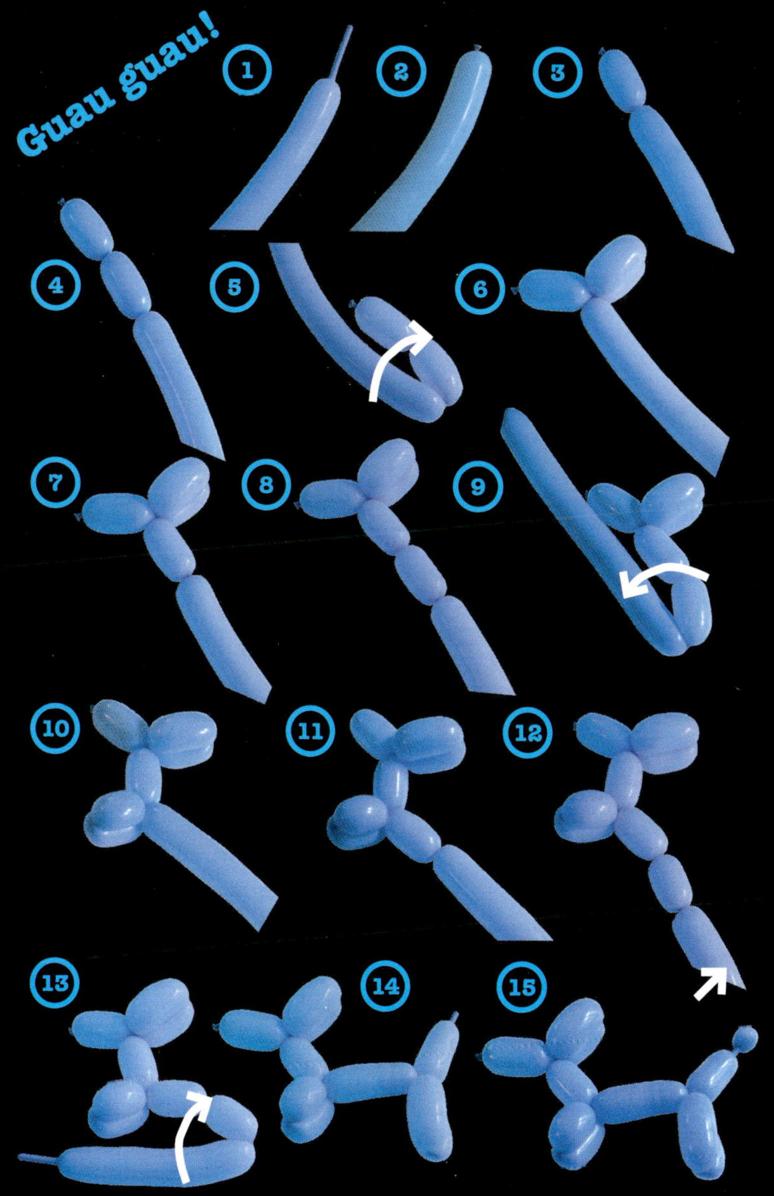

Guau guau!

Los pulmones

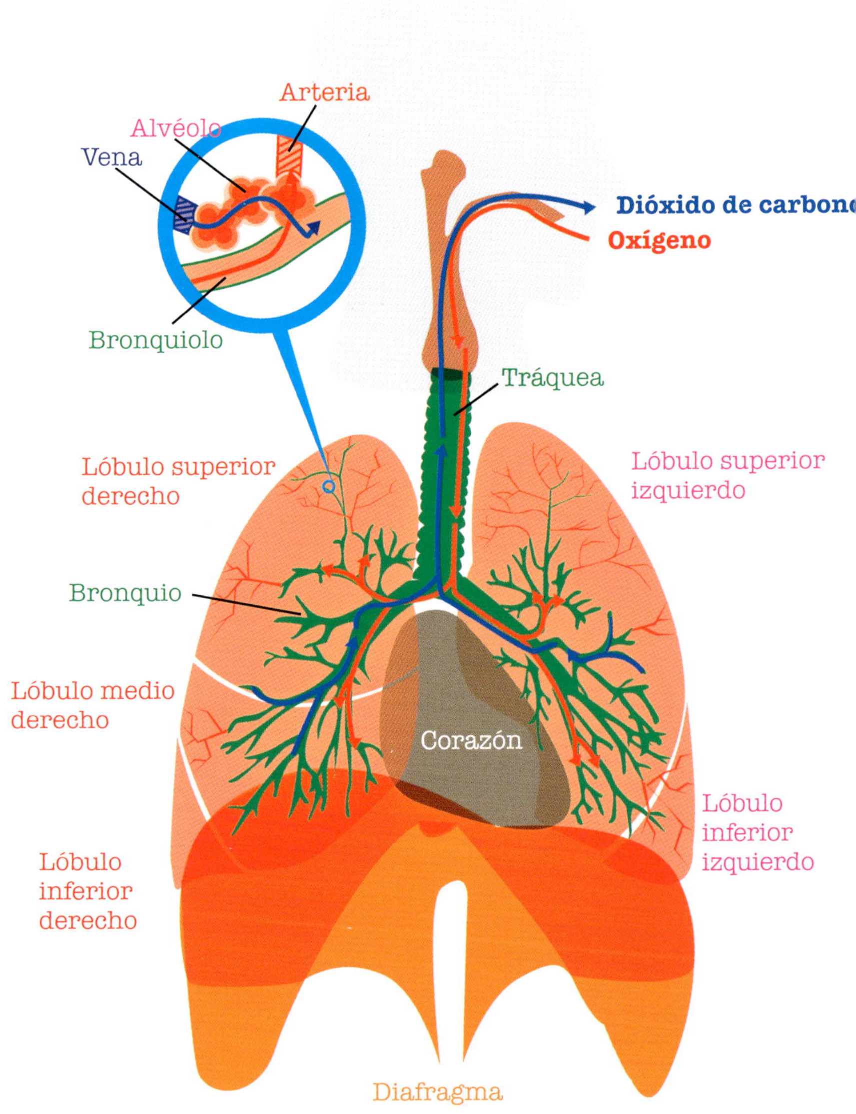

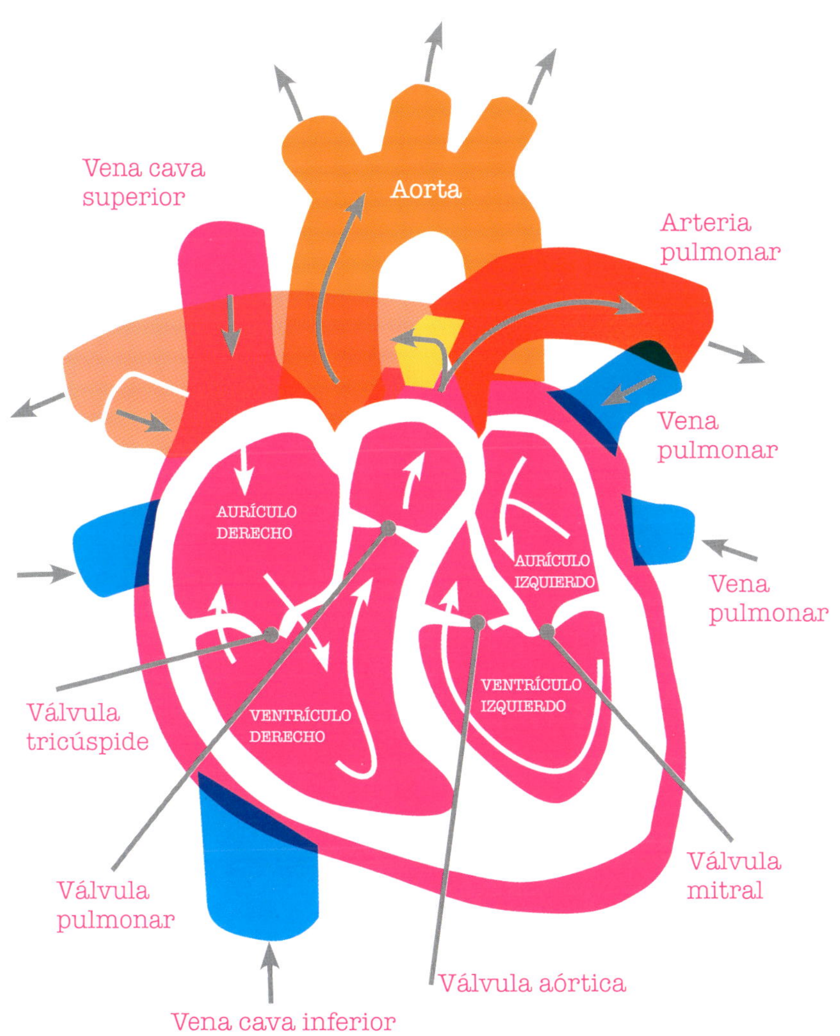
El corazón
Vena cava superior
Aorta
Arteria pulmonar
Vena pulmonar
Vena pulmonar
AURÍCULO DERECHO
AURÍCULO IZQUIERDO
Válvula tricúspide
VENTRÍCULO DERECHO
VENTRÍCULO IZQUIERDO
Válvula mitral
Válvula pulmonar
Válvula aórtica
Vena cava inferior

Circulación sanguínea

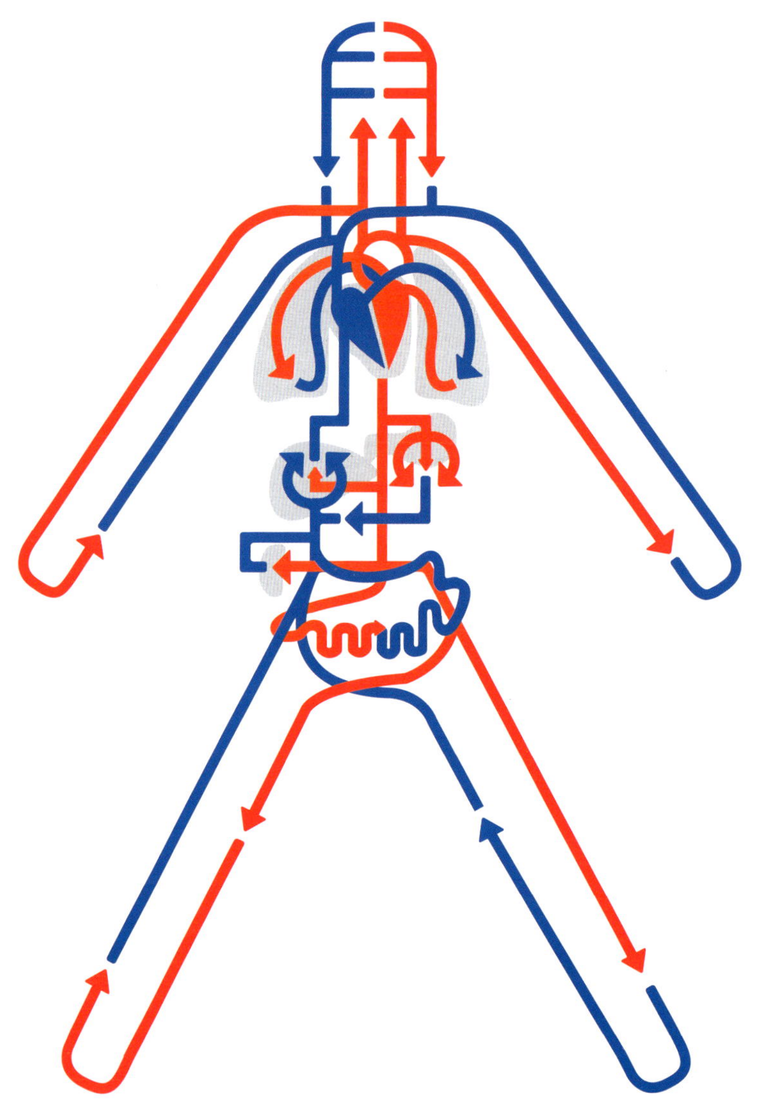

Corrientes oceánicas

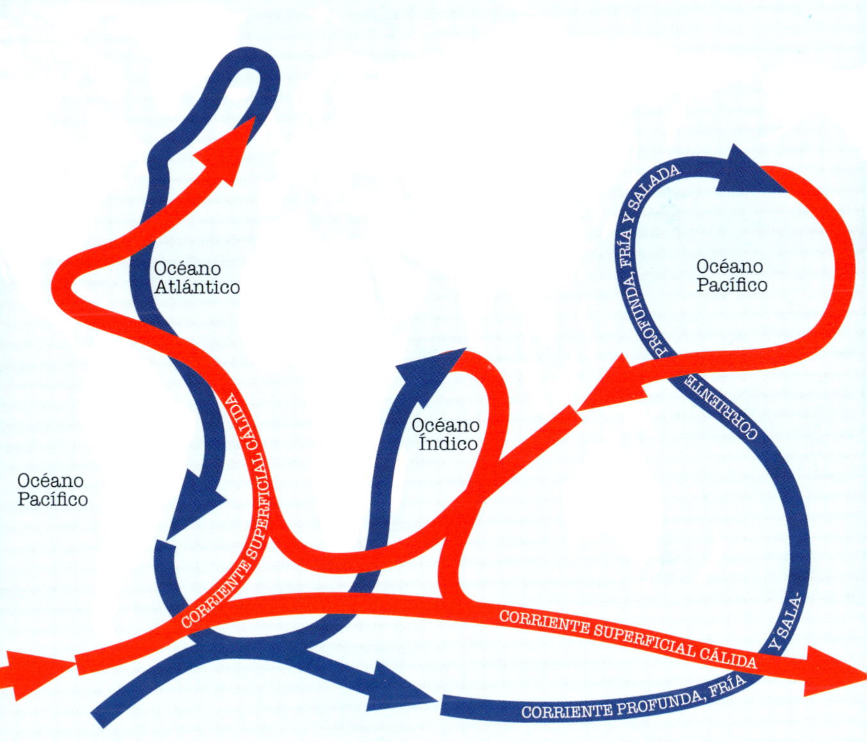

• Mar del Norte
660 m

• Golfo de California
2.590 m

• Golfo de México
3.787 m

• Océano Ártico
5.220 m

• Mar
Mediterráneo
5.121 m

• Mar del Caribe
6.946 m

• Océano Antártico
7.235 m

• Océano Atlántico
9.219 m

• Océano Pacífico
11.034m

Aguas p

- Mar Rojo
2.211 m

- Mar Negro
2.245 m

- Mar de la China Oriental
2.782 m

- Mar de
Ojotsk
3.658 m

- Mar de
Andamán
3.777 m

- Mar del Japón
3.742 m

- Mar de
Bering
4.773 m

- Mar de la China
5.016 m

- Océano
Índico
7.450 m

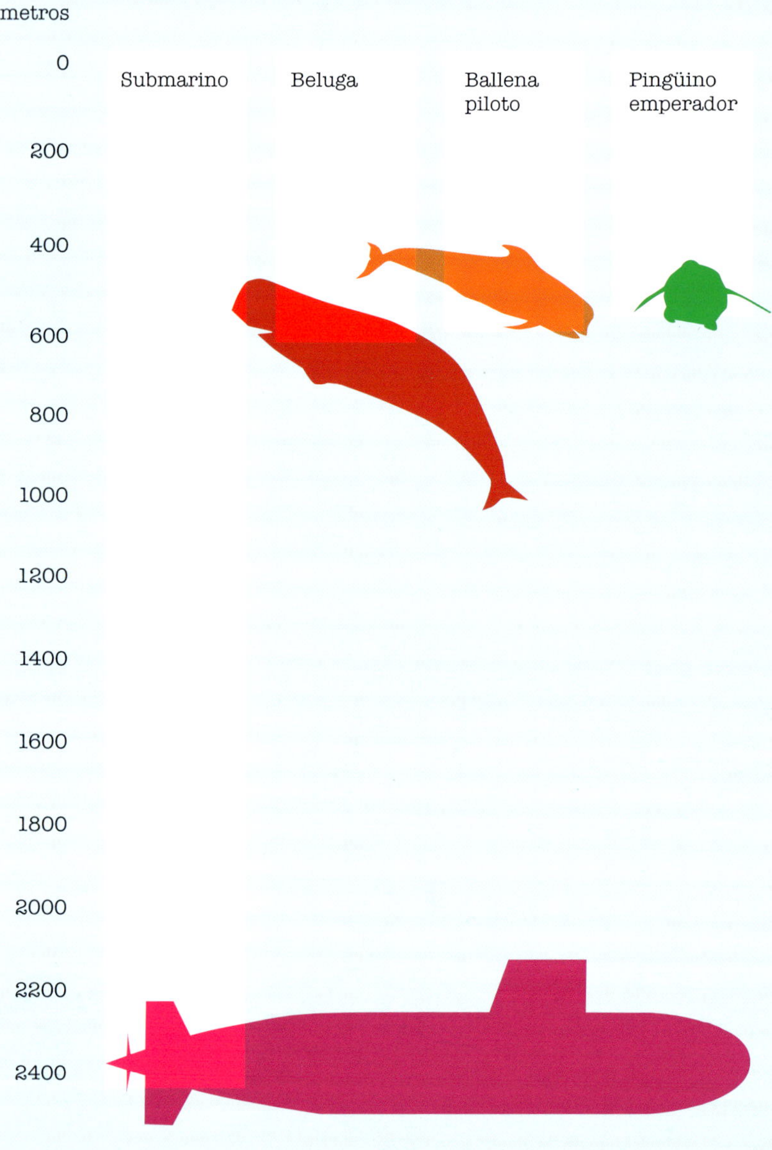

metros
0
200
400
600
800
1000
1200
1400
1600
1800
2000
2200
2400
Submarino
Beluga
Ballena
piloto
Pingüino
emperador

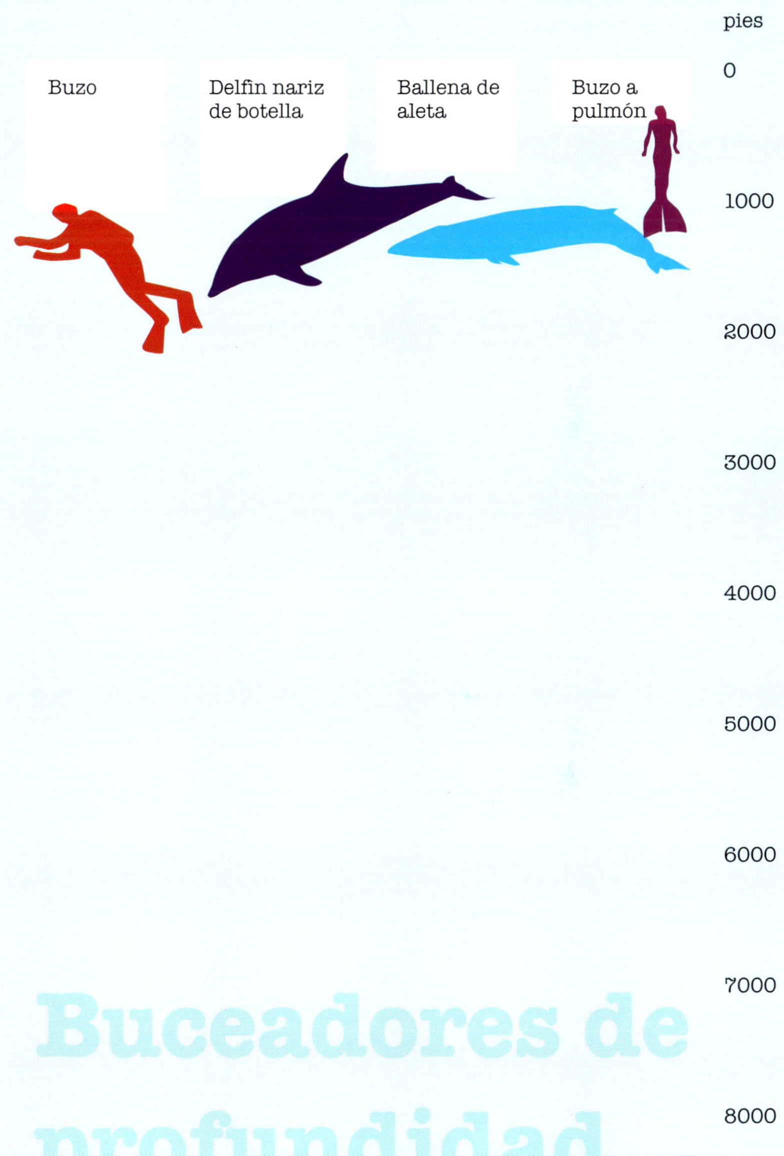

pies
0
1000
2000
3000
4000
5000
6000
7000
8000
Buzo
Delfín nariz de botella
Ballena de aleta
Buzo a pulmón
Buceadores de profundidad

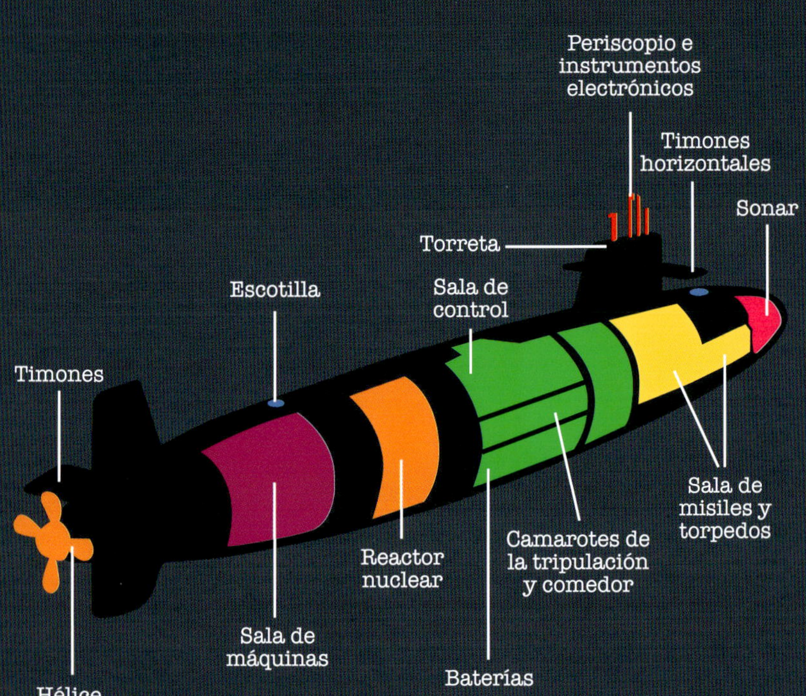

Periscopio e instrumentos electrónicos
Timones horizontales
Sonar
Torreta
Escotilla
Sala de control
Timones
Sala de misiles y torpedos
Reactor nuclear
Camarotes de la tripulación y comedor
Hélice
Sala de máquinas
Baterías

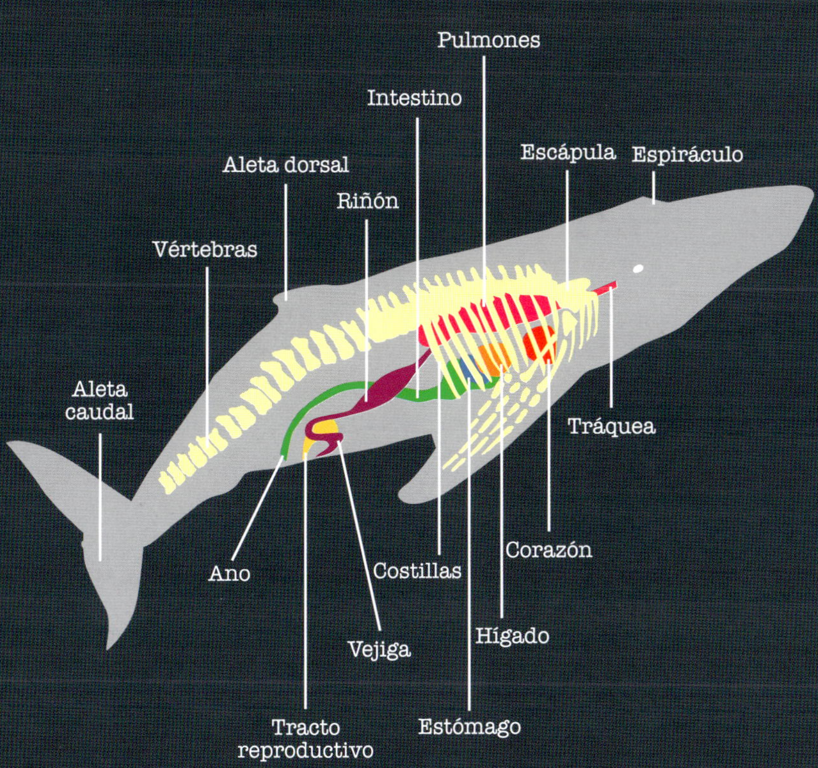

Pulmones
Intestino
Aleta dorsal
Escápula
Espiráculo
Riñón
Vértebras
Aleta caudal
Tráquea
Ano
Costillas
Corazón
Vejiga
Hígado
Tracto reproductivo
Estómago

La respiración de los peces

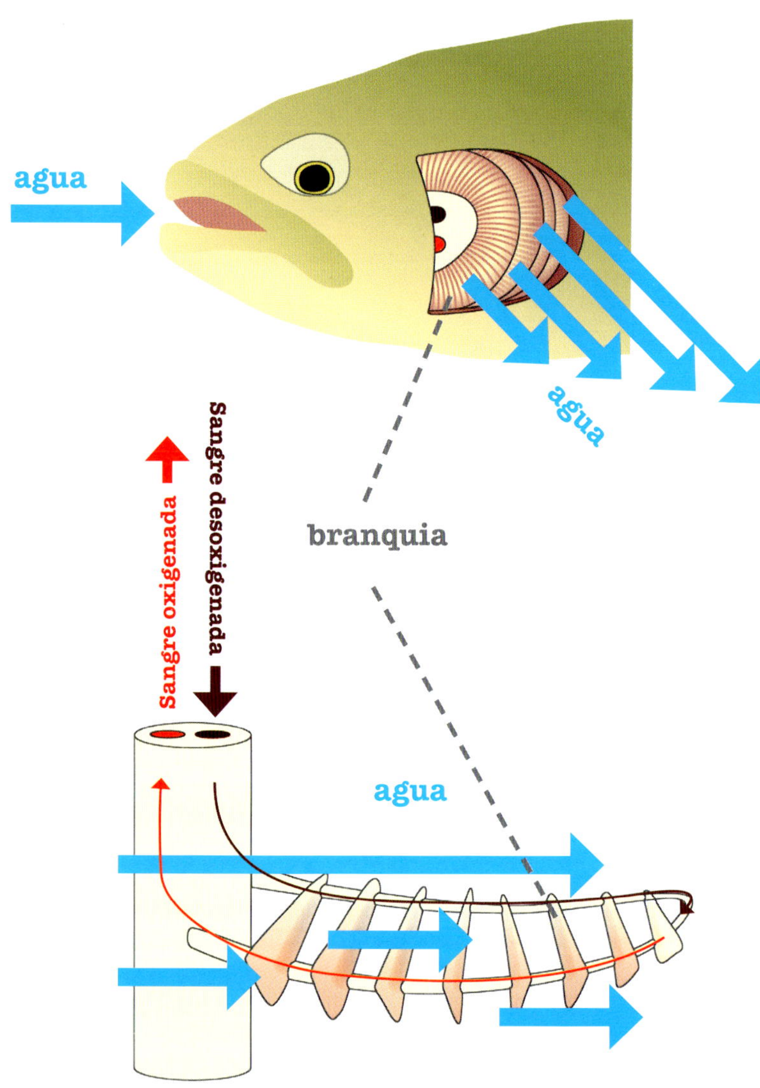

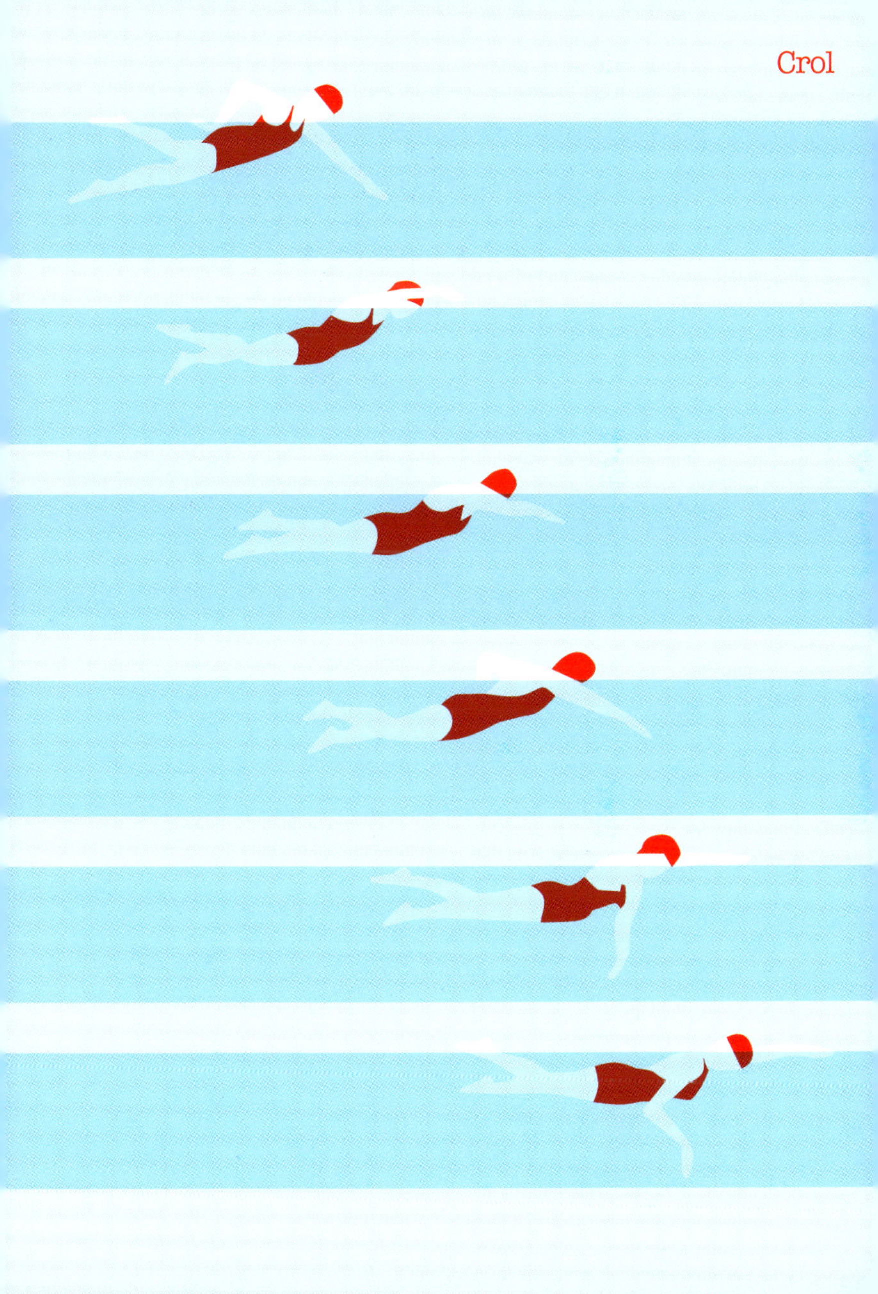
Crol

Snowboard

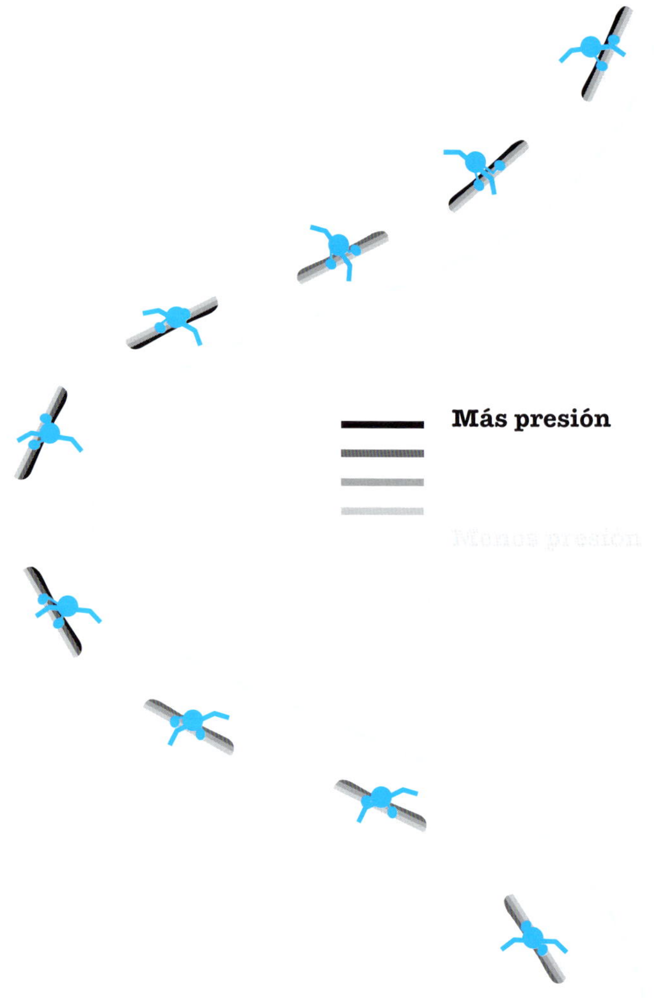

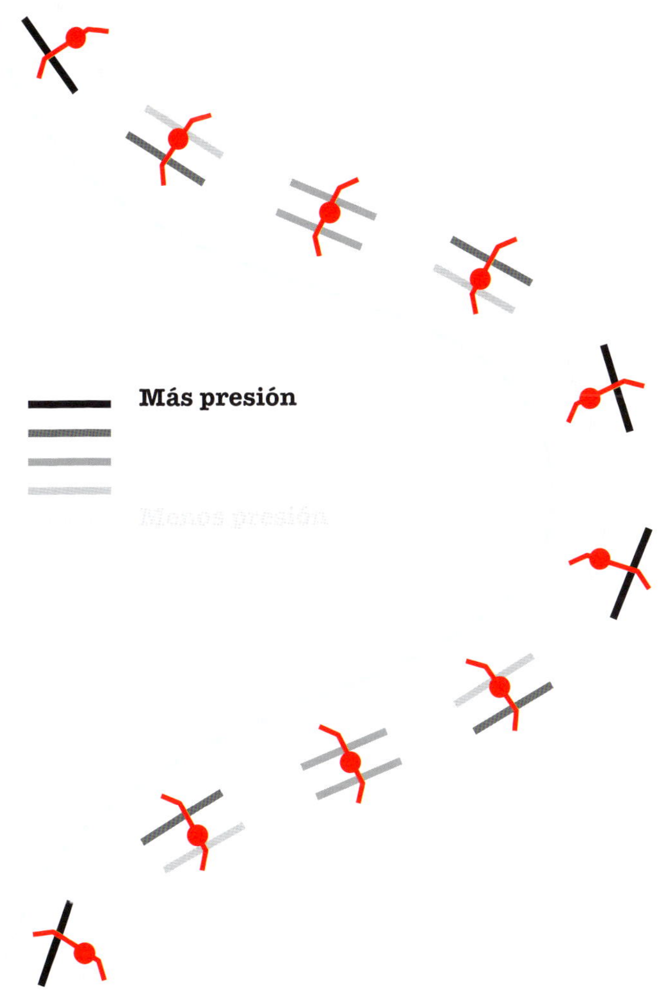

Más presión
Menos presión

...atlones

Decatlón
Heptatlón
Pentatlón
Triatlón
Duatlón
Acuatlón
Biatlón
100m
400m
1500m
100m
800m
200m
3km

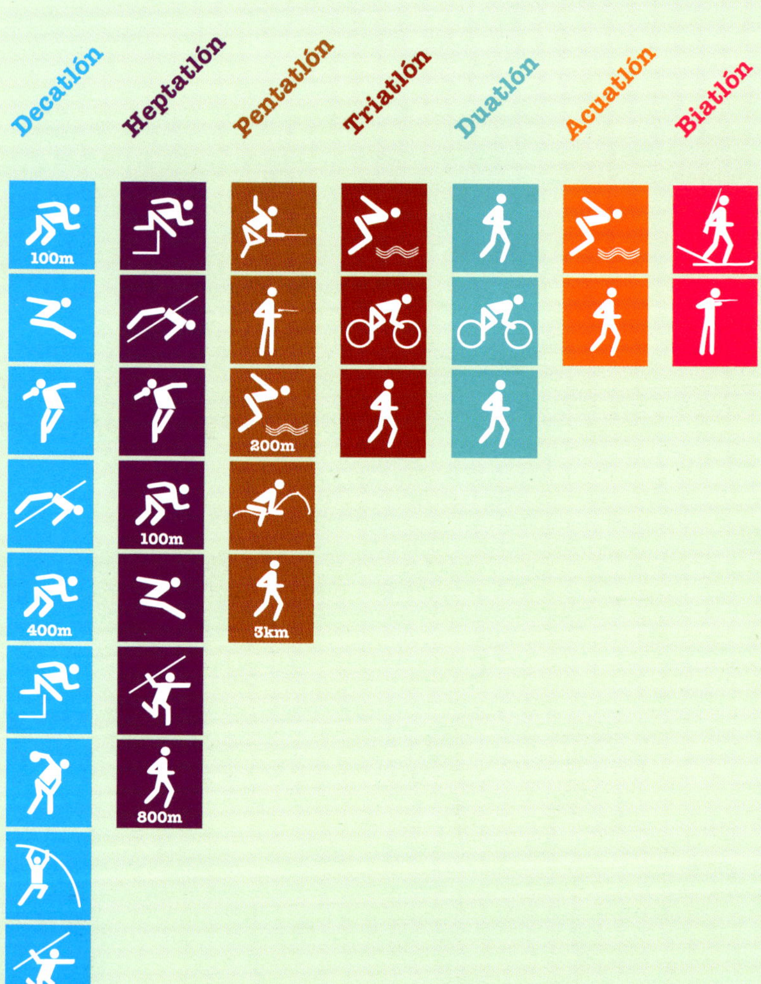

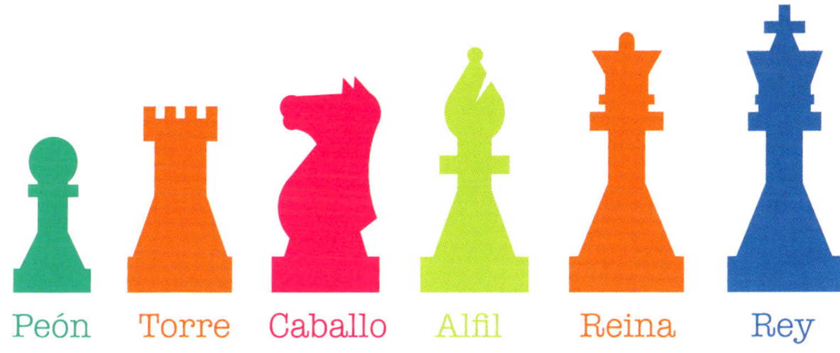

Peón
Torre
Caballo
Alfil
Reina
Rey

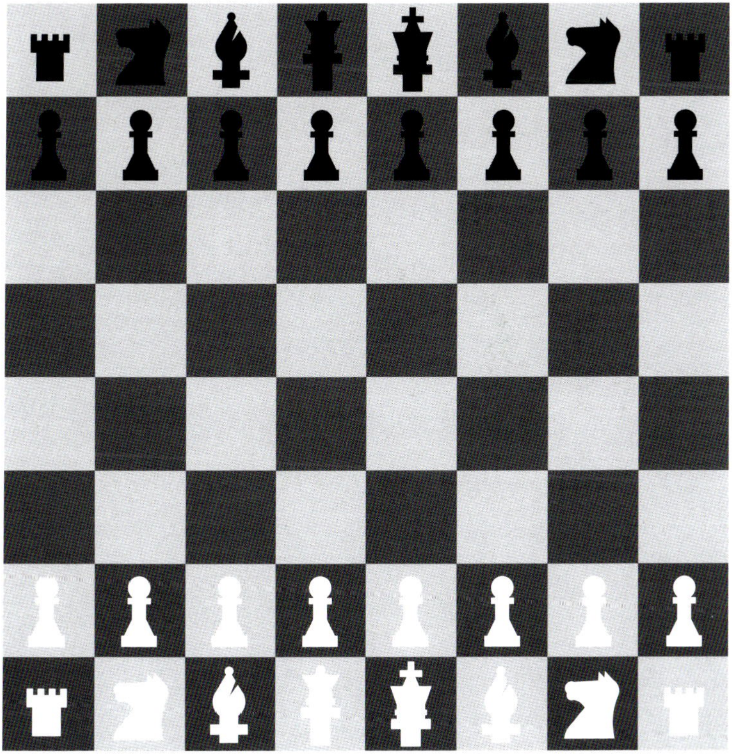

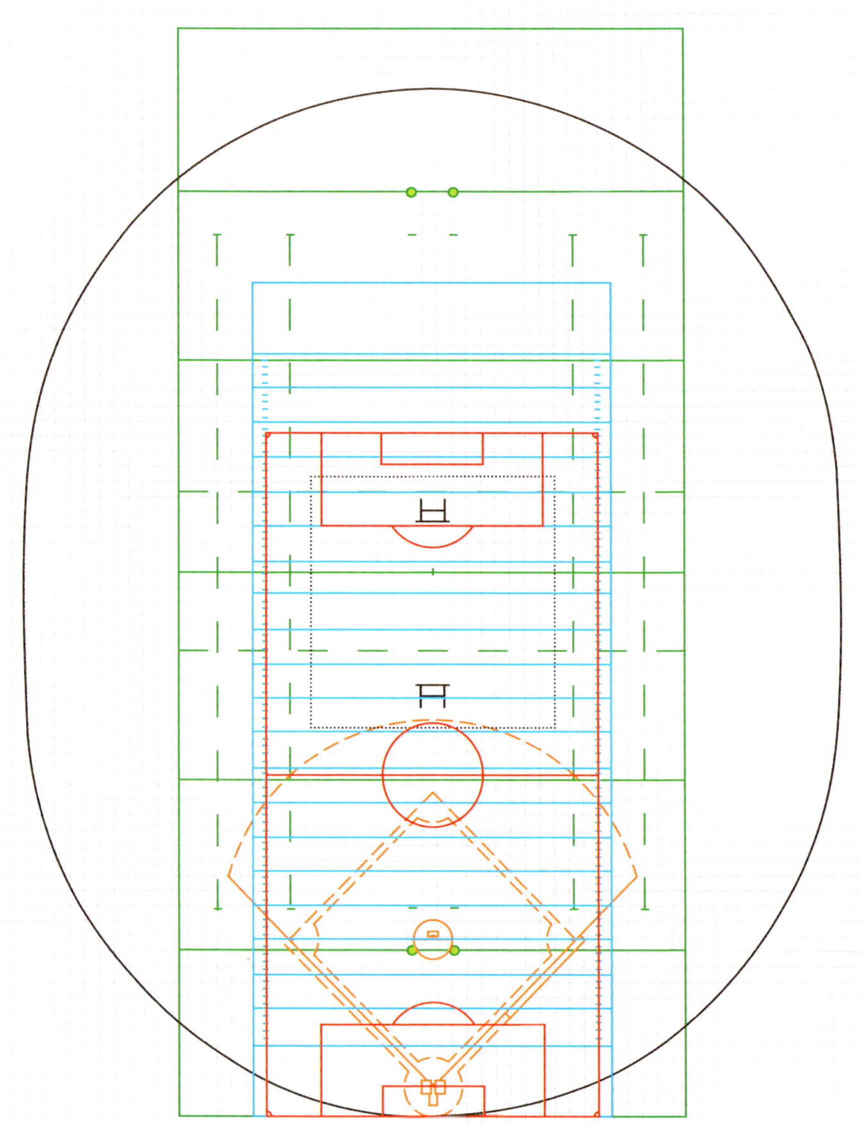

Los deportes y sus canchas

Fútbol americano
Rugby
Béisbol
Fútbol
Cricket
Hockey sobre hielo
Básquet
Tenis
Bádminton
Lucha de sumo
Tenis de mesa

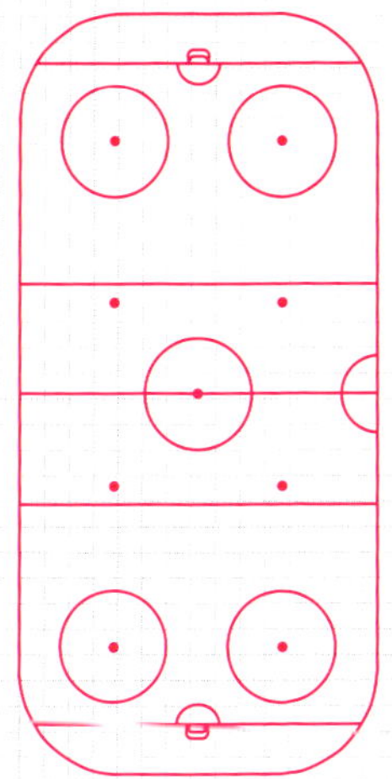
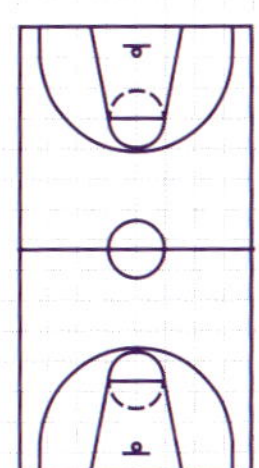
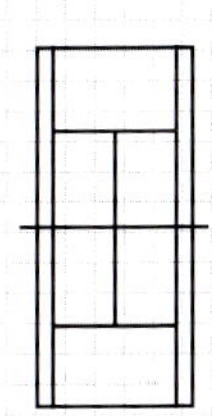
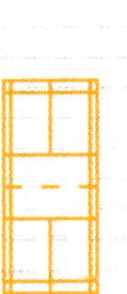

Pelotas

Petanca
Billar/Pool
Hurling
Tenis de mesa
Golf
Tenis
Cricket
Hockey
Béisbol
Polo
Bochas
Fútbol americano
Rugby
Fútbol
Waterpolo
Cestoball
Vóleibol
Bowling
Básquet

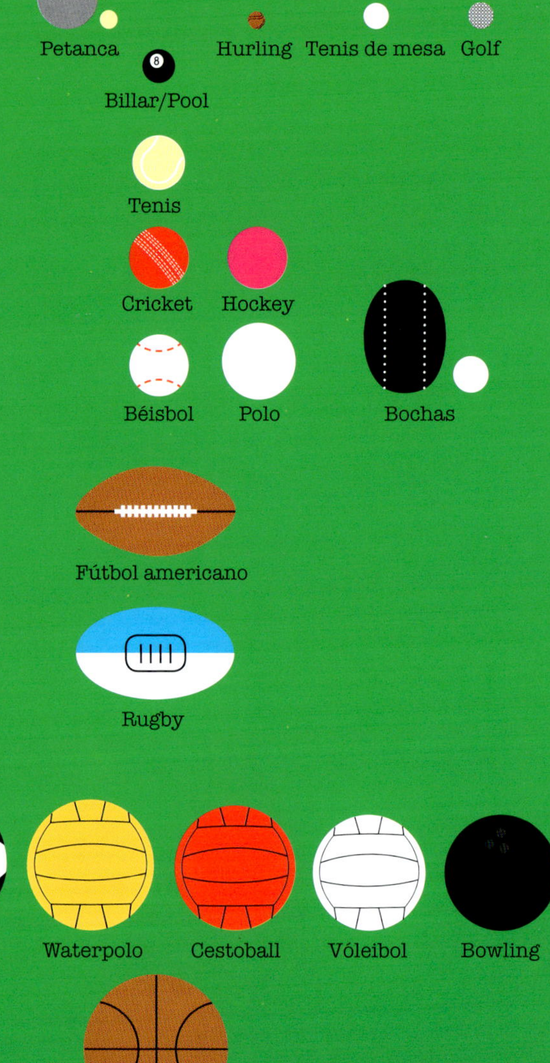

Planetas

Mercurio
Venus
Tierra
Marte
Júpiter
Saturno
Urano
Neptuno
Plutón

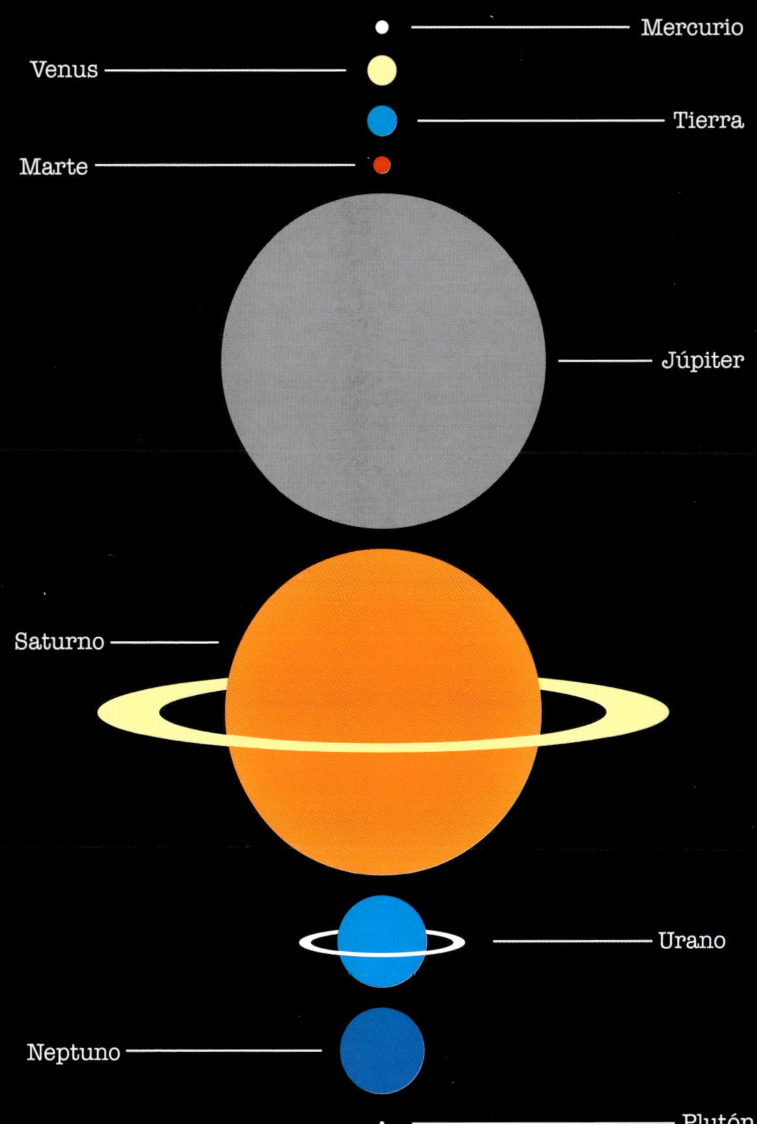

Constelaciones

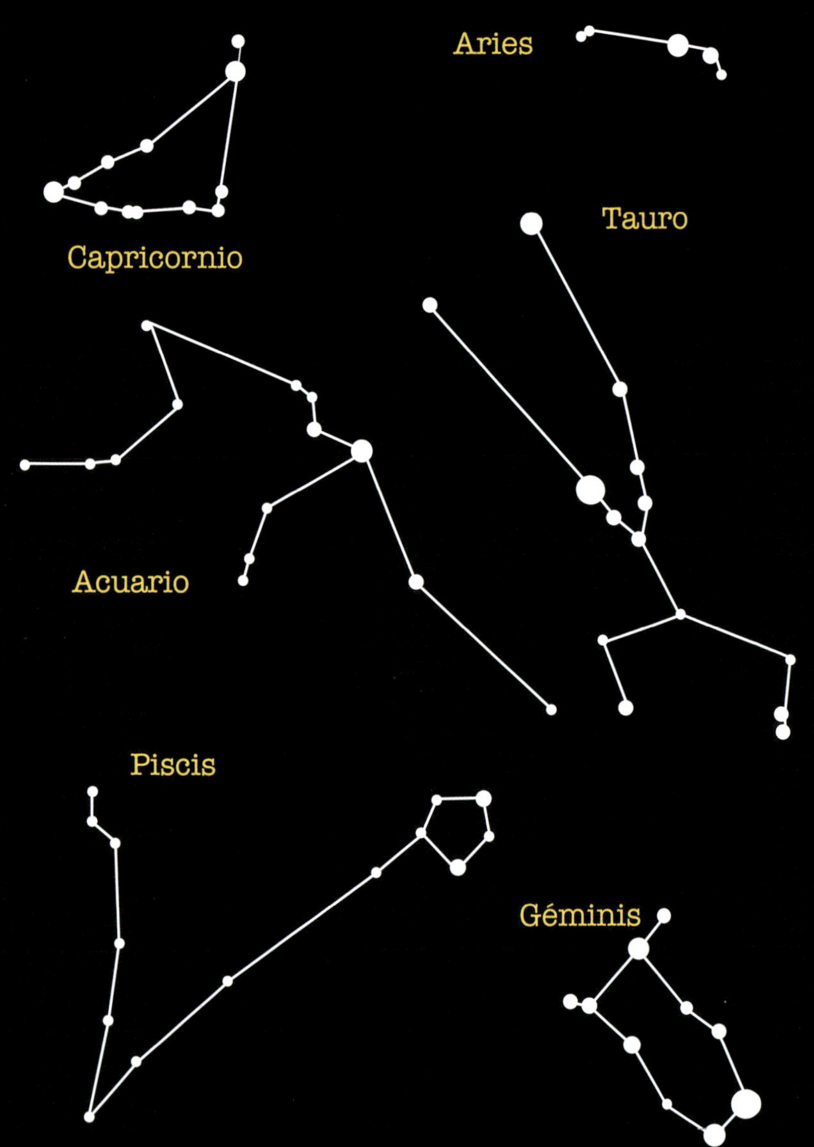

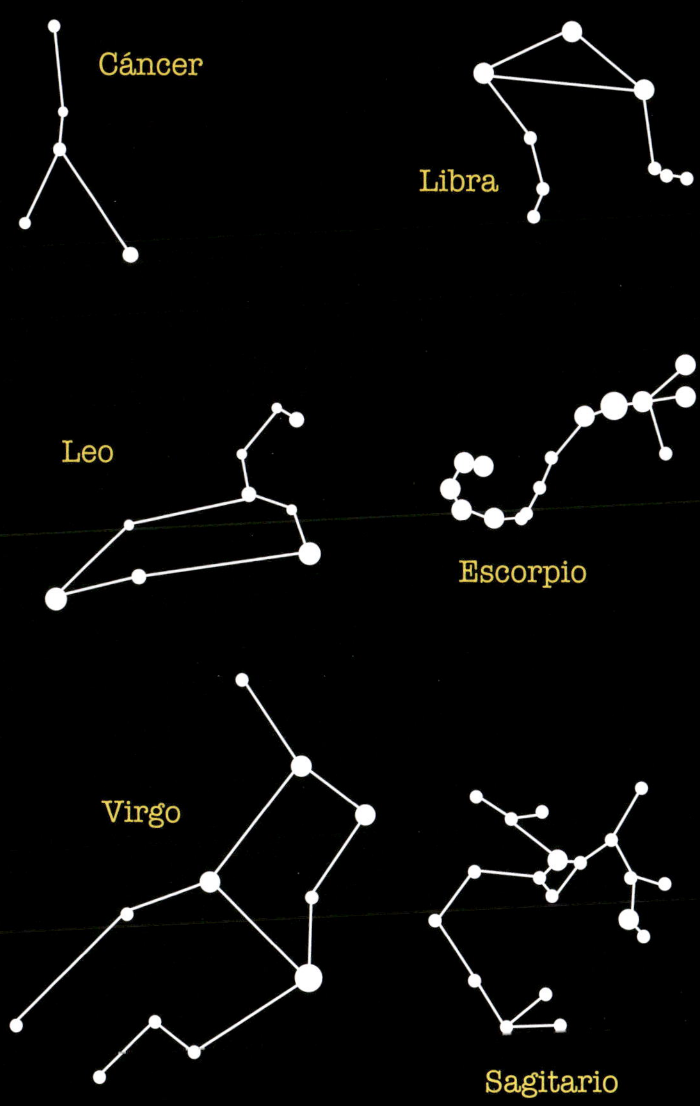

Cáncer
Libra
Leo
Escorpio
Virgo
Sagitario

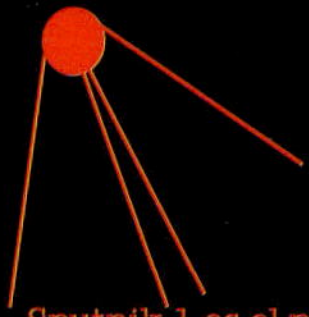

URSS

1957

Sputnik 1 es el primer objeto fabricado por el hombre en orbitar la Tierra.

Sputnik 2 lleva a la perra Laika a bordo y se mantiene siete días en órbita.

1958

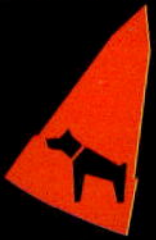

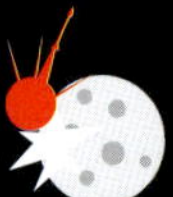

1959

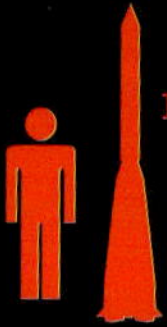

Luna 2 es la primera sonda espacial en estrellarse en la luna.

Luna 3 toma las primeras imágenes de la cara oculta de la luna.

1960

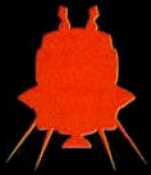

1961

Vostok 1 orbita la Tierra una vez llevando a bordo a Yuri Gargarin, el primer hombre en el espacio.

Vostok 2 lleva a Gherman Titov al espacio.

1962

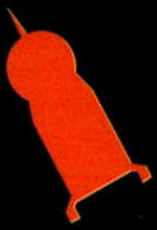

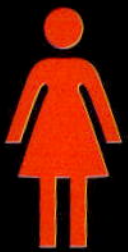

1963

Vostok 6 lleva a Valentia Tereshkova a bordo, la primera mujer en viajar al espacio y orbita la Tierra 48 veces.

1964

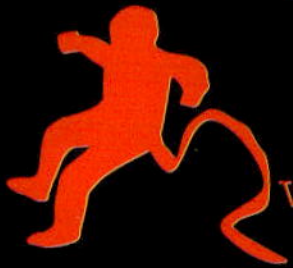

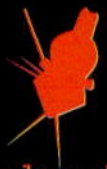

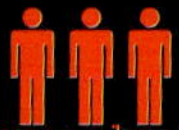

Voskhod 1 es la primera nave en llevar a bordo a 3 personas.

1965

La primera caminata espacial la realiza Alexei A. Leonov desde Voskhod 2.

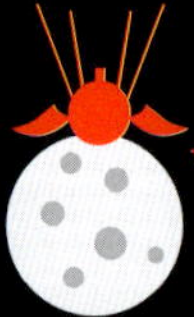

1966

Luna 9 es la primera nave que alunizó.

Venera 3 impacta en Venus, es la primera en llegar a otro planeta.

Luna 10 es la primera nave en orbitar la luna.

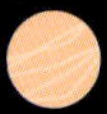

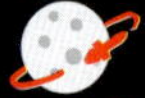

1967

Se estrella Soyuz 1, matando a Kamarov y se convierte en la primera fatalidad durante una misión espacial.

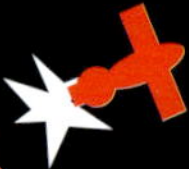

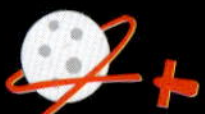

1968

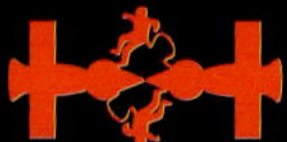

Soviet Zond 5 es la primera nave que orbita la luna y vuelve.

1969

Soyuz 4 y 5 realizan el primer acoplamiento espacial, al transferir a los cosmonautas entre ambos vehículos.

1970

EE.UU.

1957

1958

Explorer 1 es el primer satélite estadounidense en órbita.

1959

Se funda la NASA [por sus siglas en inglés, National Aeronautics and Space Administration - Administración Aeronáutica y Espacial Nacional].

1960

Tiros 1: se lanza el primer satélite meteorológico exitoso.

1961

Discoverer 14 lanza el primer satélite espía equipado con una cámara.

Mercury Freedom 7 lleva a Alan B. Shepard Jr. al espacio.

1962

Mercury Friendship 7 orbita la Tierra con John H. Glenn Jr. a bordo.

El satélite Telstar 1 transmite la primera telecomunicación transatlántica en vivo.

1963

1964

Ranger 7 toma las primeras fotografías en primer plano de la luna.

1965

Edward White II realiza la primera caminata lunar estadounidense.
Mariner 4 devuelve las primeras imágenes en primer plano de Marte.

1966

Gemini 6 realiza la primera maniobra de encuentro espacial junto a Gemini 7.

Surveyor 1 es la primera sonda estadounidense en alunizar.
Lunar Orbiter 1 toma la primera imagen de la Tierra desde la luna.

1967

1968

1969

Apollo 8 lleva a bordo a las primeras personas en orbitar la luna: Frank Borman, James Lovell, William Anders.

1970

Apollo 11 lleva a bordo a las primeras personas en aterrizar en la luna: Neil Armstrong y Buzz Aldrin; Michael Collins, el piloto de módulo de mando, permaneció en la nave.

Naves espaciales

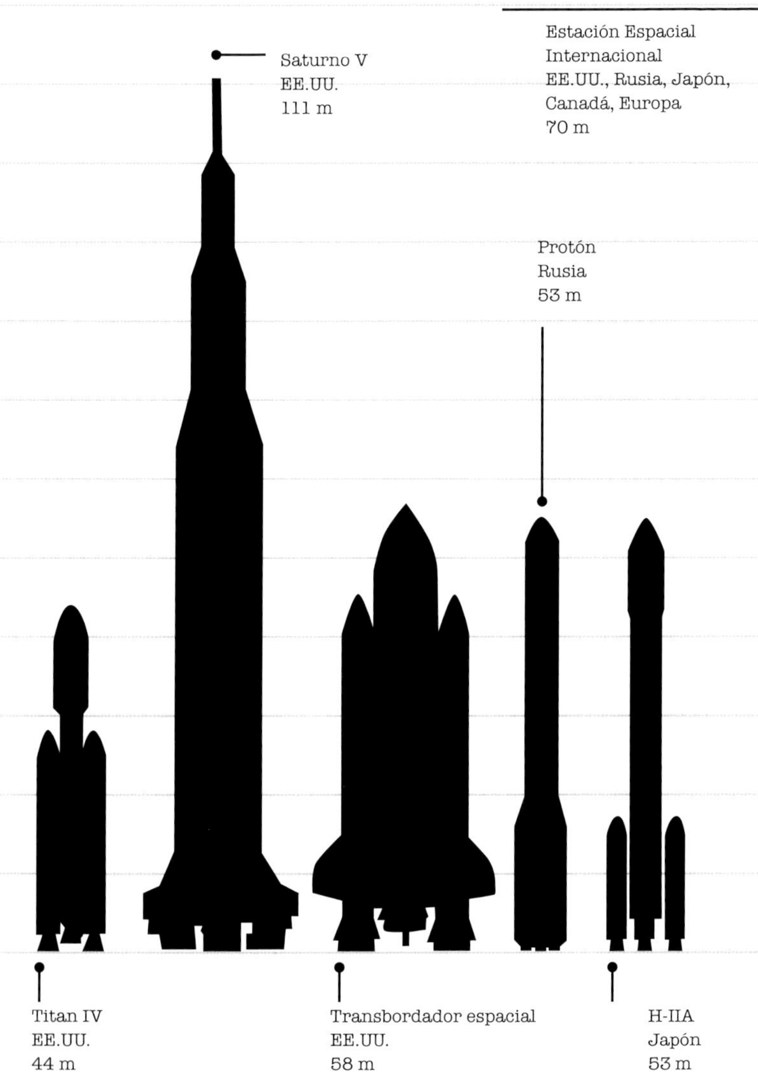

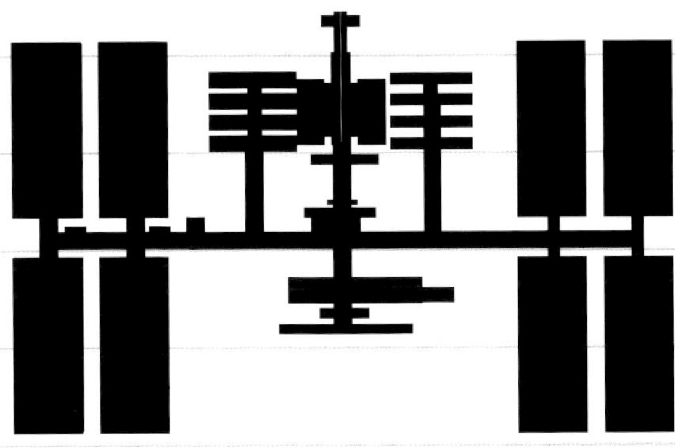

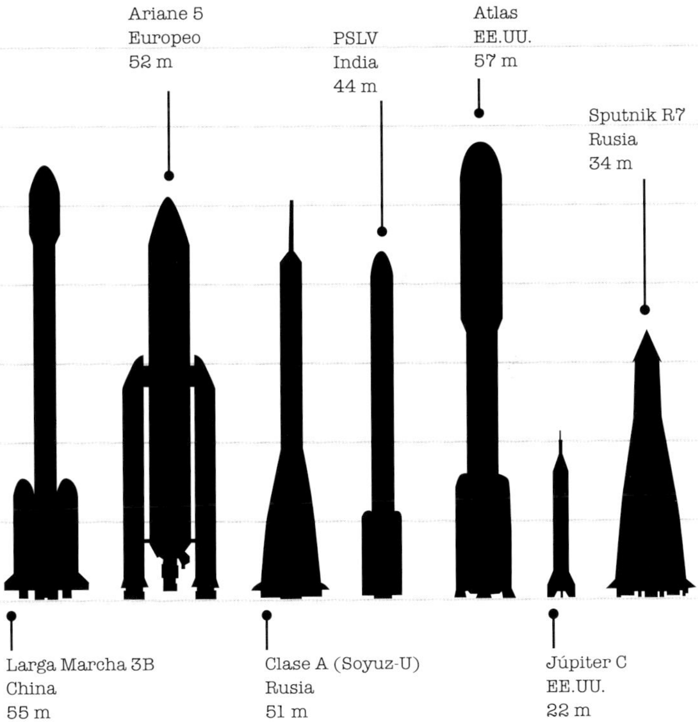

Ariane 5
Europeo
52 m
PSLV
India
44 m
Atlas
EE.UU.
57 m
Sputnik R7
Rusia
34 m
Larga Marcha 3B
China
55 m
Clase A (Soyuz-U)
Rusia
51 m
Júpiter C
EE.UU.
22 m

Naves espaciales de la ficción

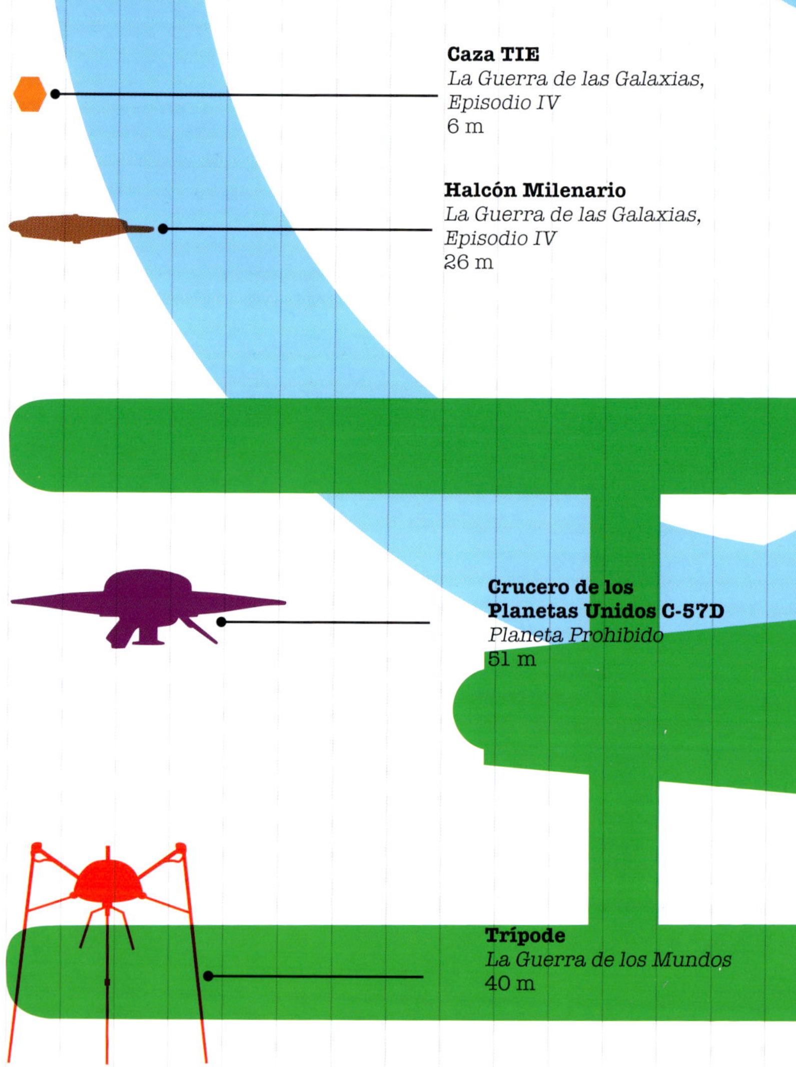

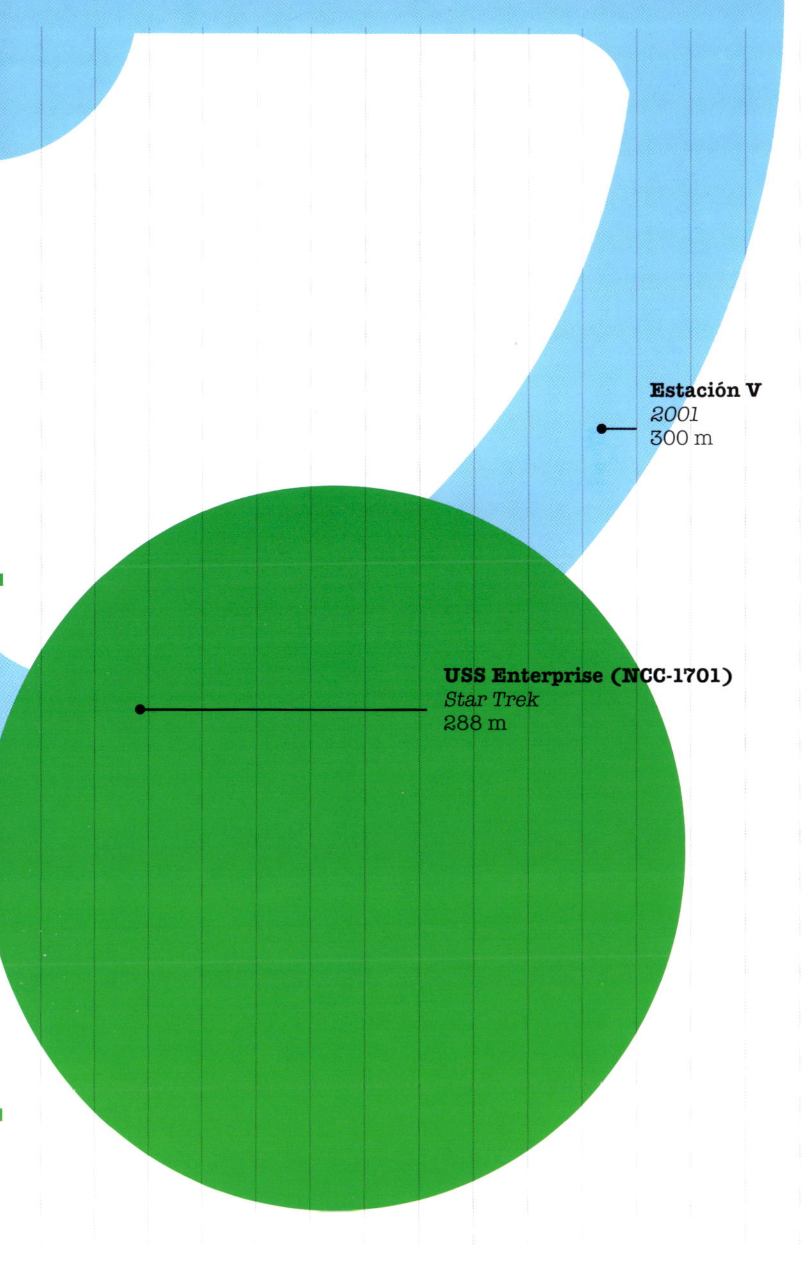

Estación V
2001
300 m
USS Enterprise (NCC-1701)
Star Trek
288 m

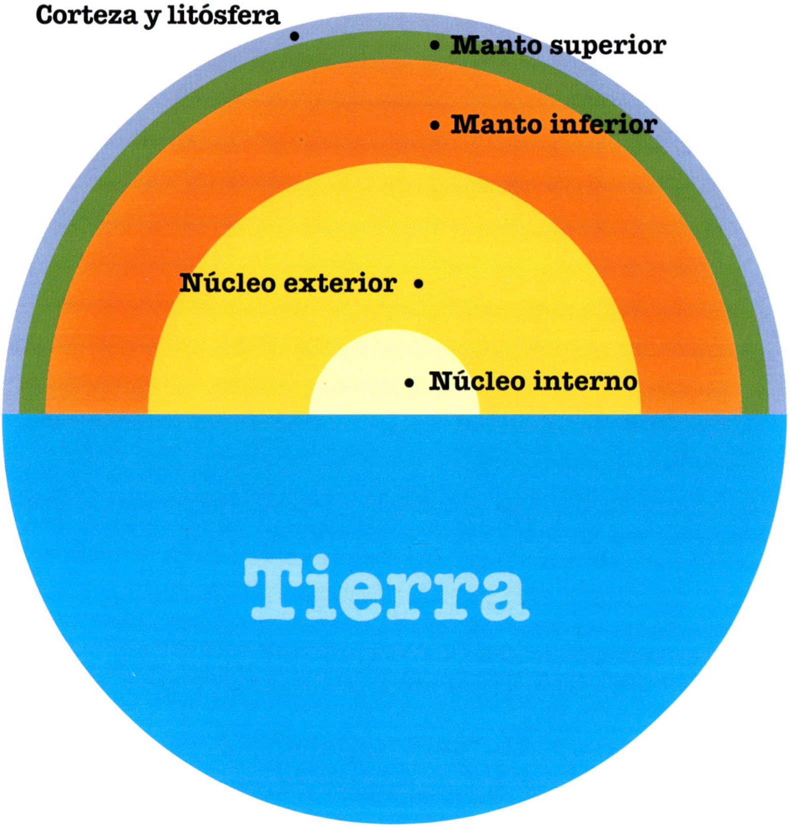

Corteza y litósfera
Manto superior
Manto inferior
Núcleo exterior
Núcleo interno
Tierra

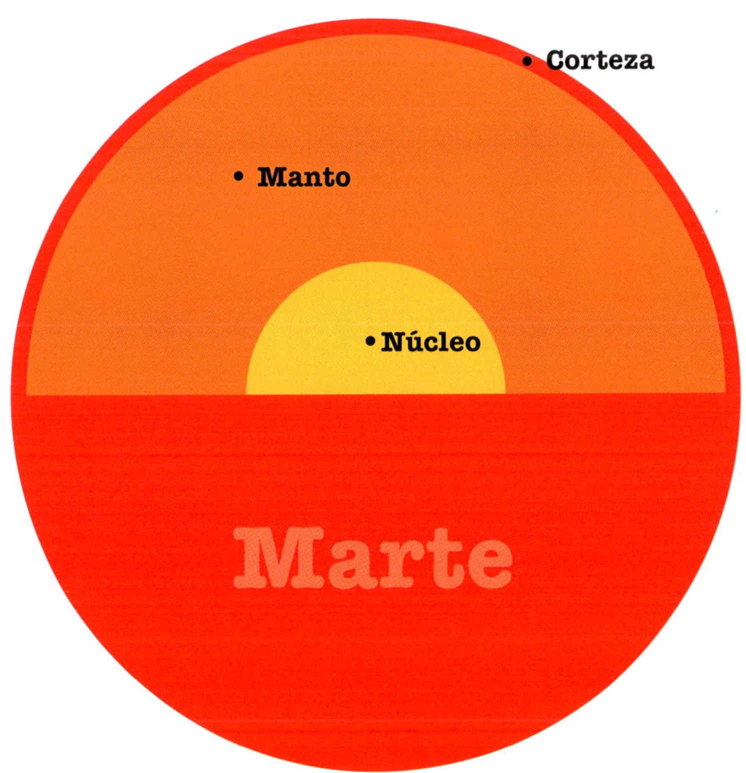

Corteza
Manto
Núcleo
Marte

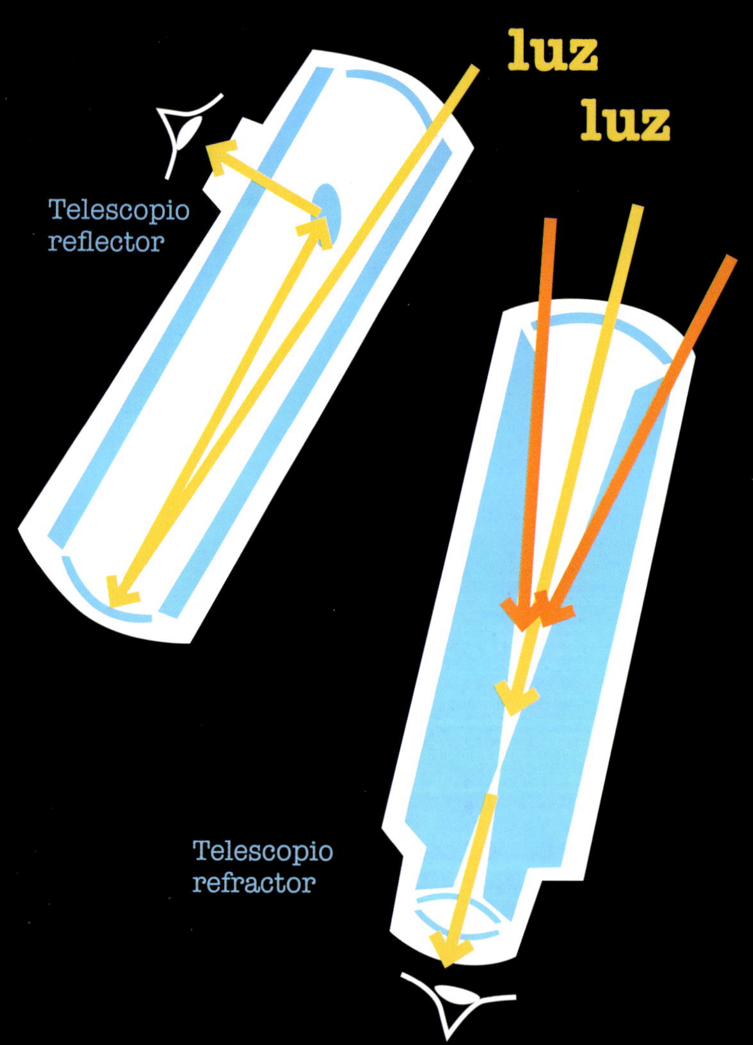
luz
luz
Telescopio
reflector
Telescopio
refractor

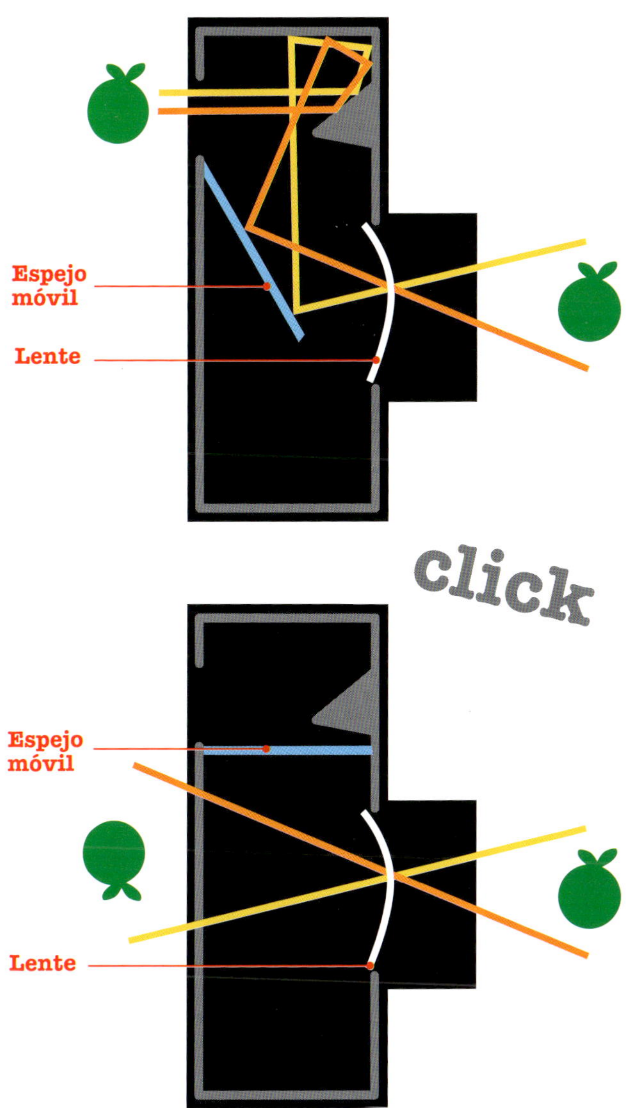
Espejo
móvil
Lente
click
Espejo
móvil
Lente

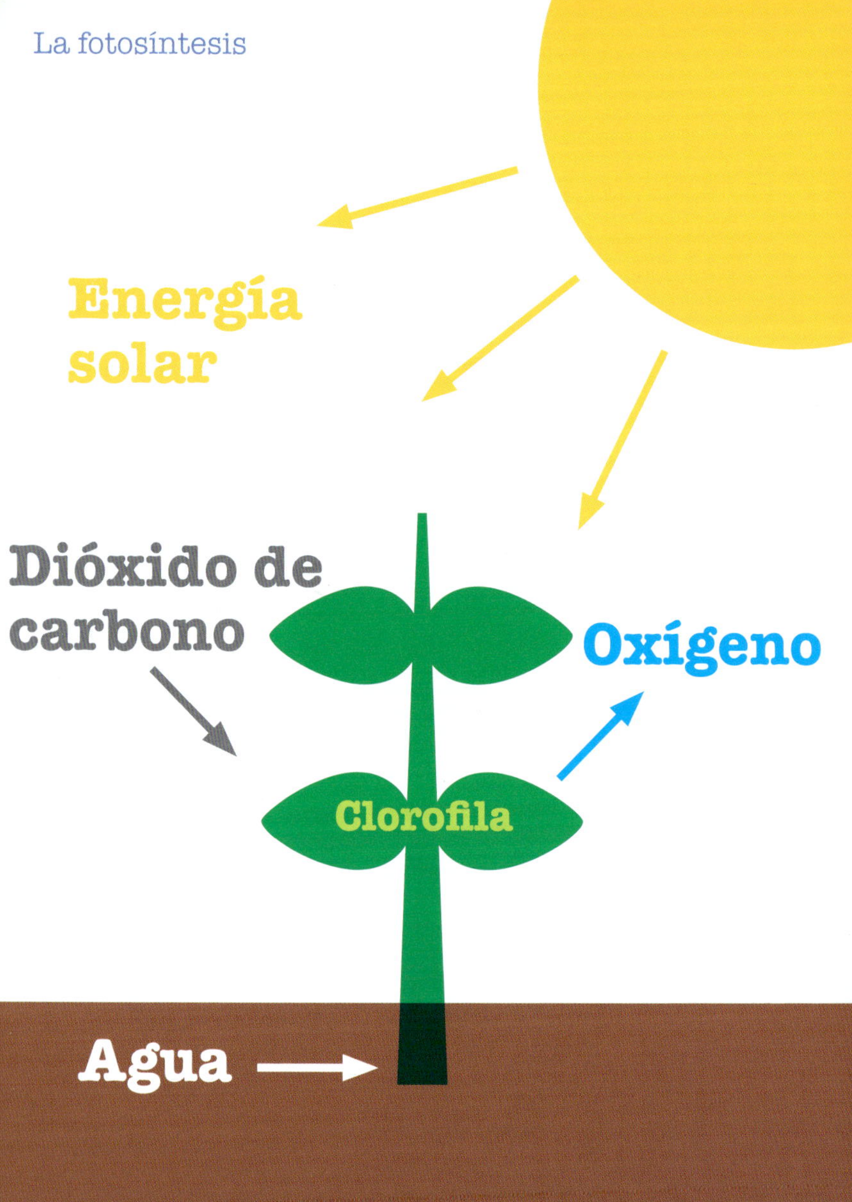

Energía solar
Dióxido de carbono
Oxígeno
Clorofila
Agua

Hojas

Fresno
Arce blanco
Avellano
Olmo
Roble
Abedul
Espino blanco/
Majuelo
Acebo
Haya
Castaño de Indias

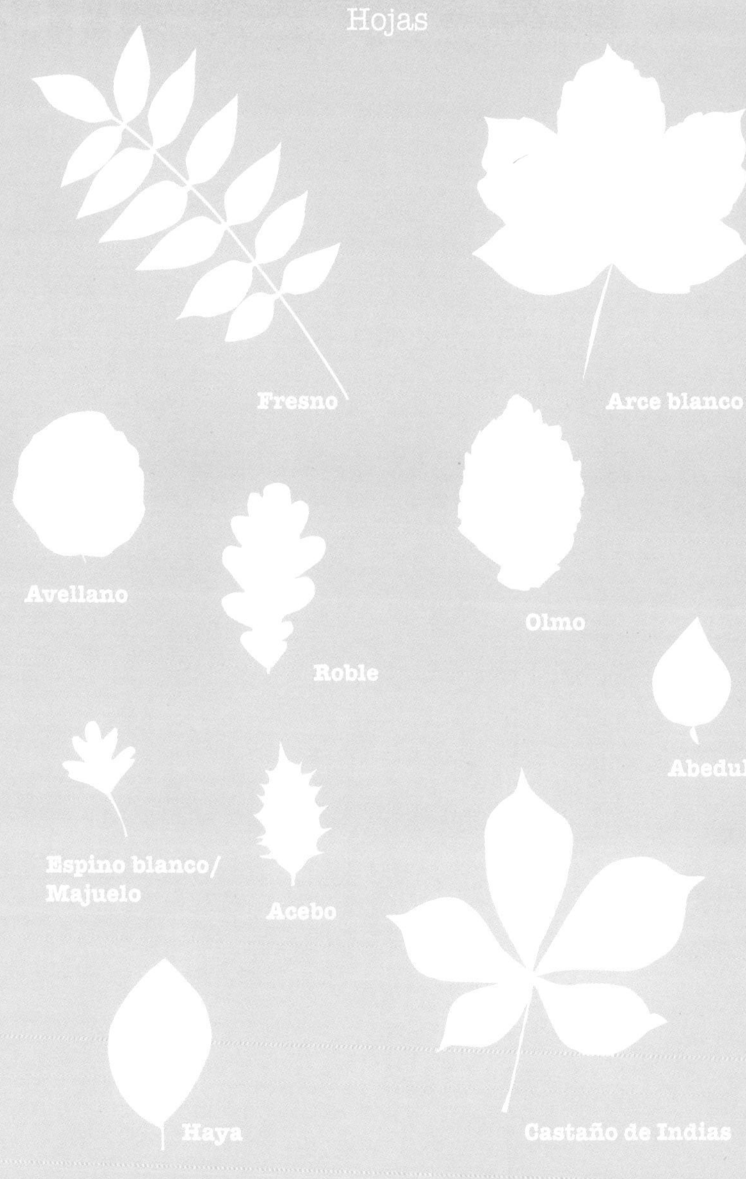

Encastres de madera

Encastre
a media
madera en
cruz

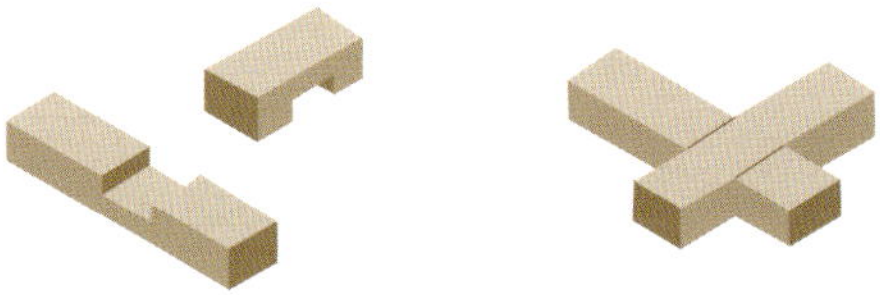

Encastre
a media
madera en
'T'

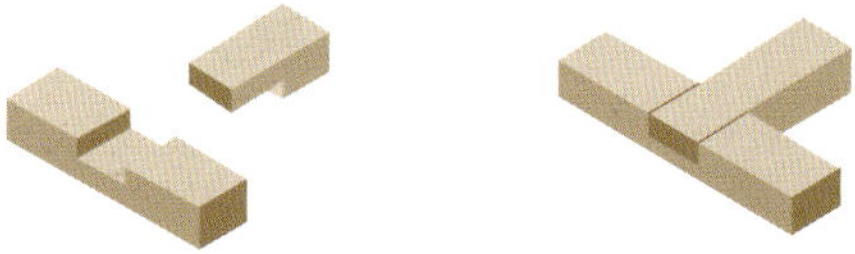

Encastre
por ranuras

Encastre
a media
madera en
'L'

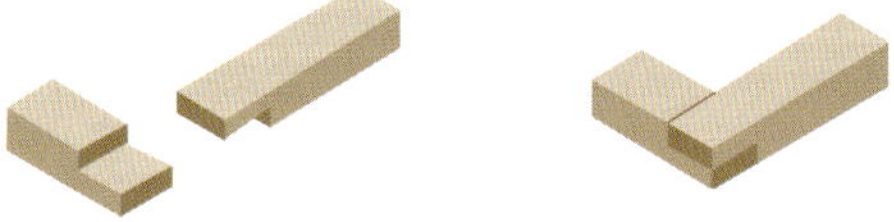

Encastre
a media
madera

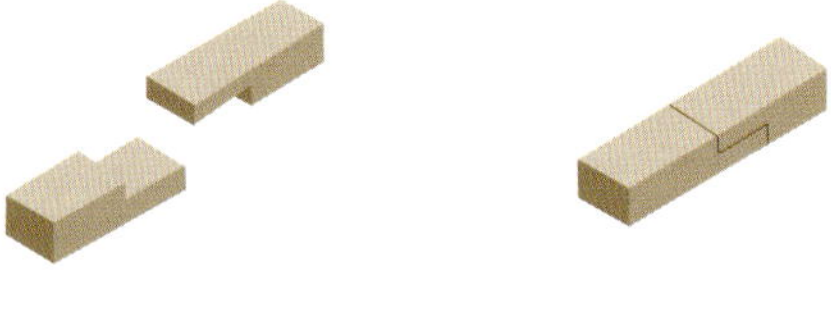

Esqueleto humano

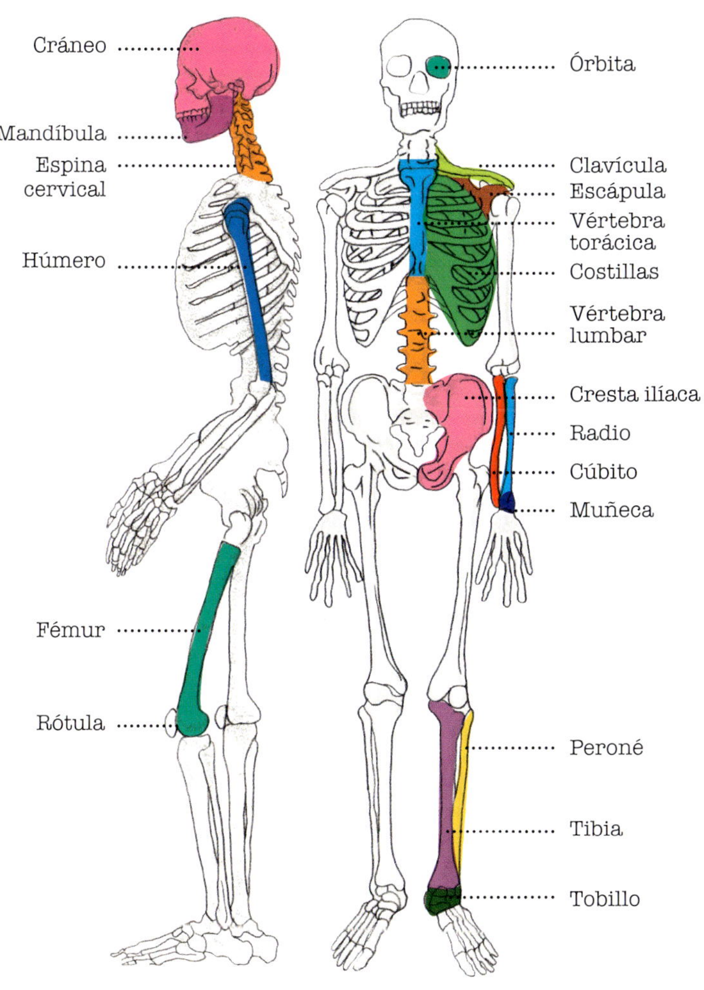

Músculos

Trapecio
Deltoides
Pectorales
Bíceps
Recto abdominal
Oblicuos
Cuádriceps
Sóleo

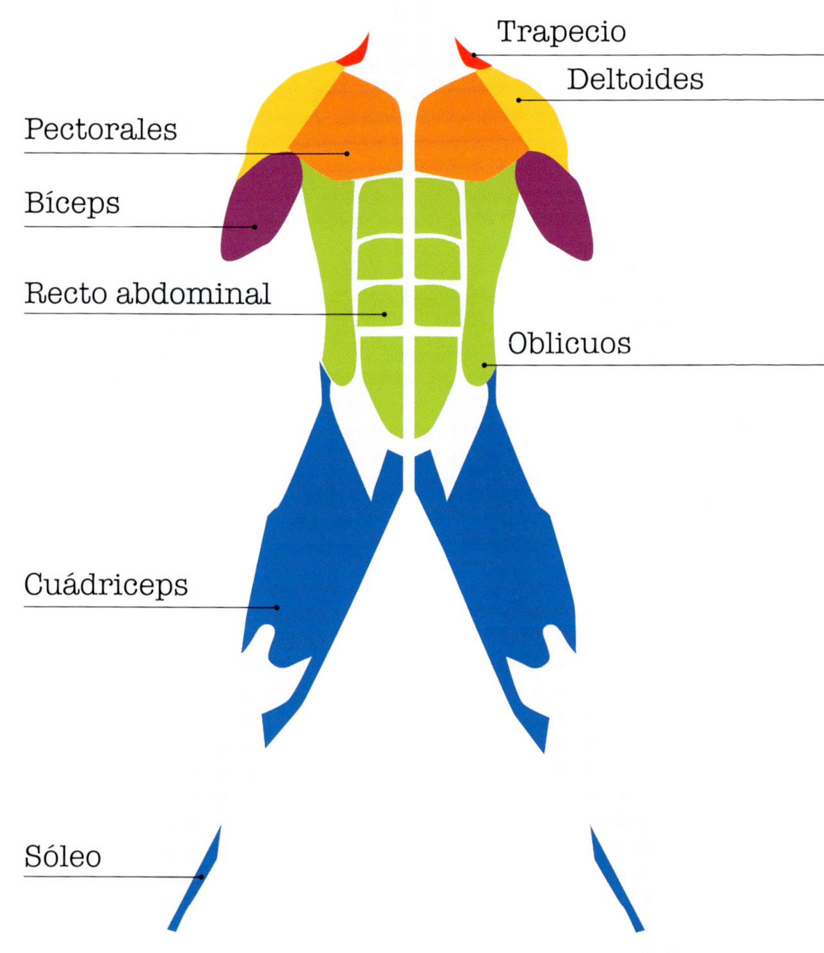

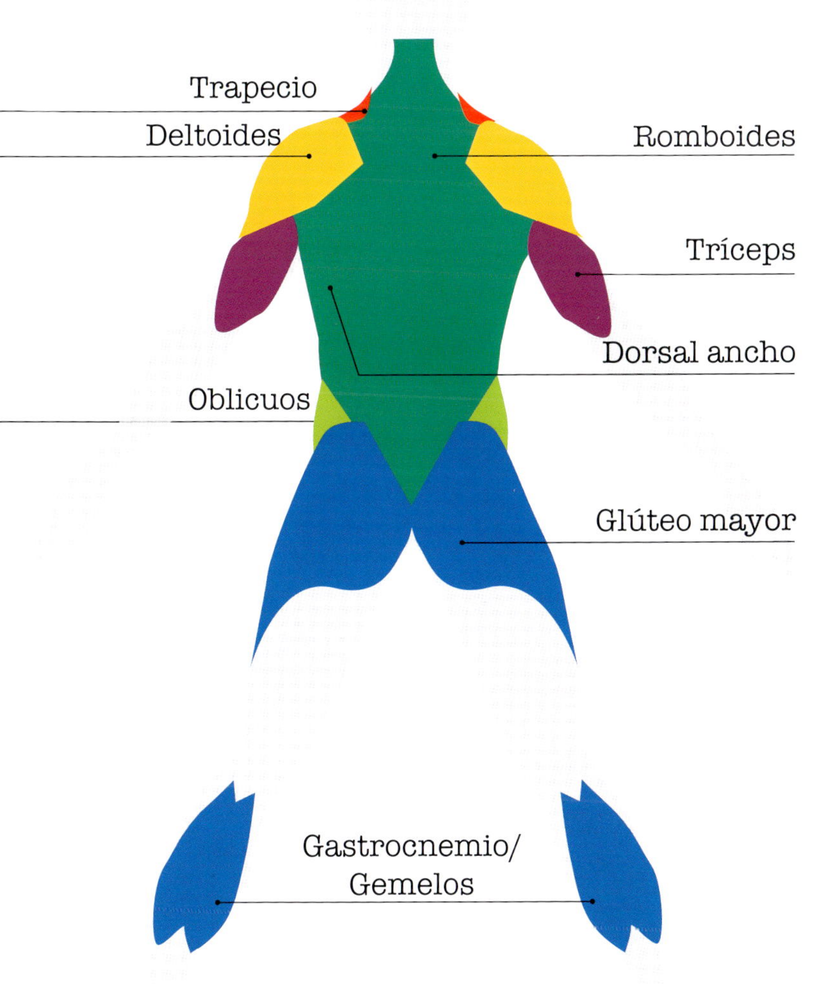

Trapecio
Deltoides
Romboides
Tríceps
Dorsal ancho
Oblicuos
Glúteo mayor
Gastrocnemio/
Gemelos

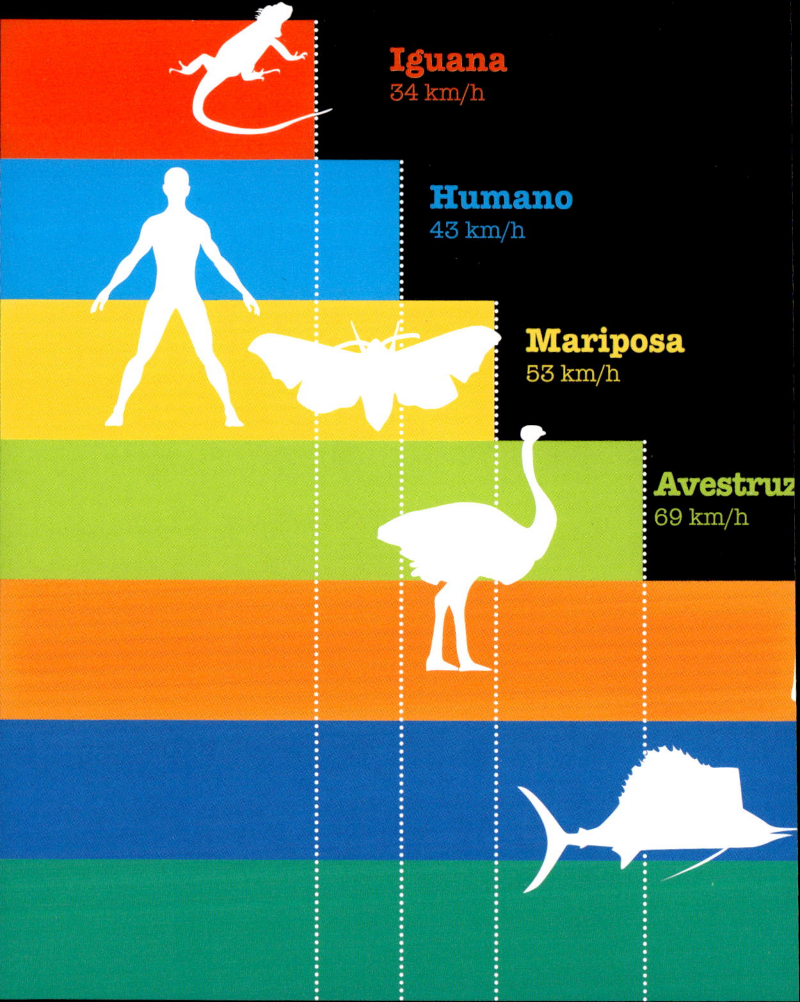

Iguana
34 km/h
Humano
43 km/h
Mariposa
53 km/h
Avestruz
69 km/h

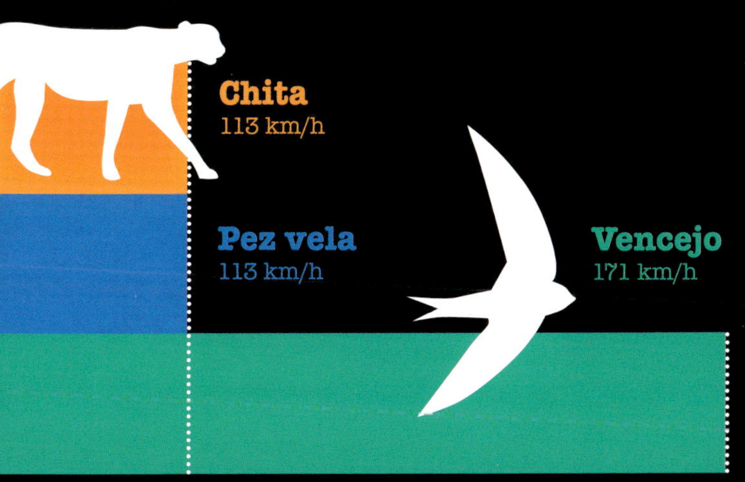

Chita
113 km/h
Pez vela
113 km/h
Vencejo
171 km/h

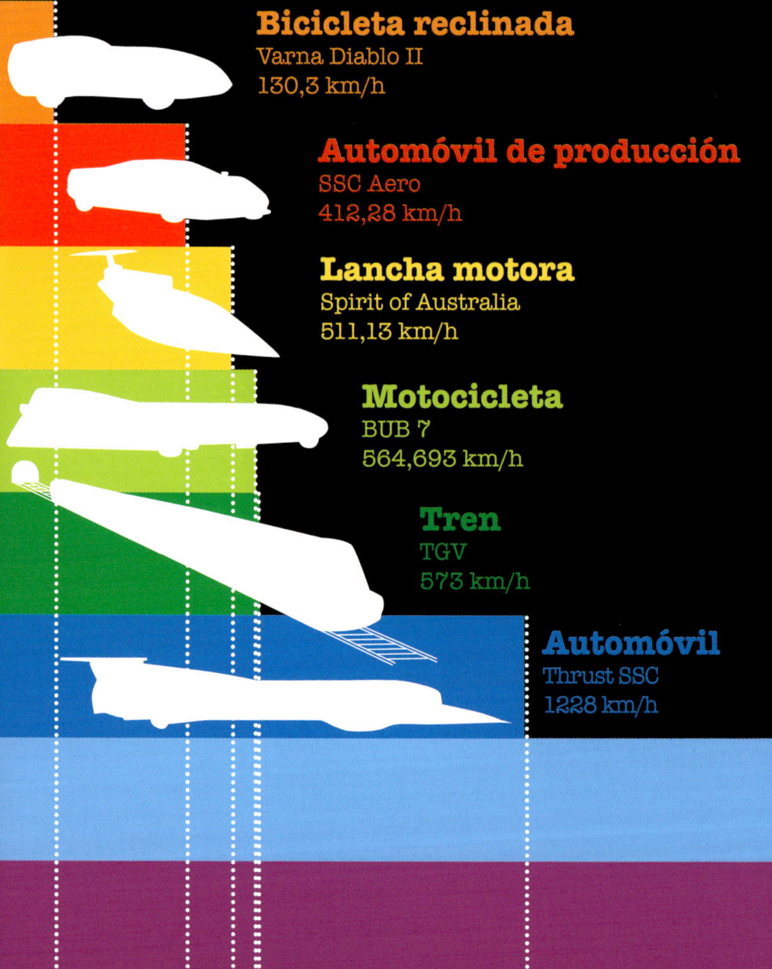

Bicicleta reclinada
Varna Diablo II
130,3 km/h

Automóvil de producción
SSC Aero
412,28 km/h

Lancha motora
Spirit of Australia
511,13 km/h

Motocicleta
BUB 7
564,693 km/h

Tren
TGV
573 km/h

Automóvil
Thrust SSC
1228 km/h

Avión de línea
Concorde
2140 km/h

Avión de reconocimiento
Blackbird
3540 km/h

Mecánica automotriz

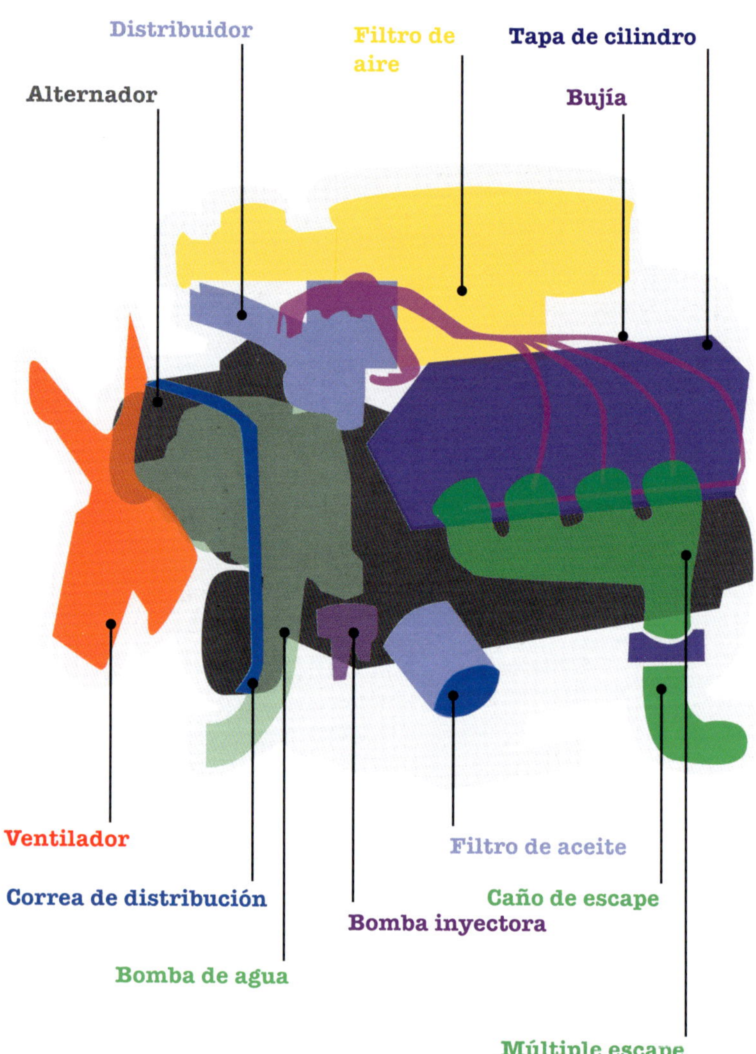

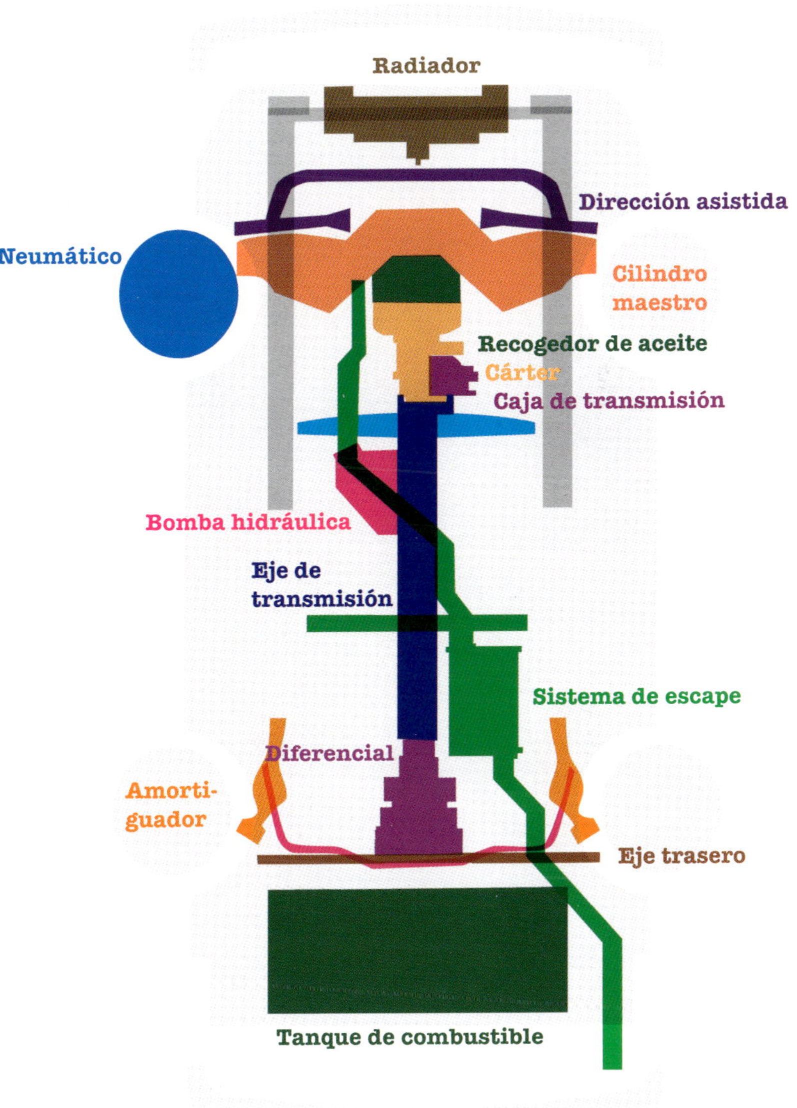

Radiador
Dirección asistida
Neumático
Cilindro maestro
Recogedor de aceite
Cárter
Caja de transmisión
Bomba hidráulica
Eje de transmisión
Sistema de escape
Diferencial
Amorti-guador
Eje trasero
Tanque de combustible

La industria del siglo XIX

El Conde Alessandro Volta inventa la pila eléctrica.
Richard Trevithick prueba una locomotora a vapor.

1800

Peter Durand inventa la lata.
Los manifestantes luditas destruyen máquinas en protesta contra el desempleo.
George Stephenson diseña la primera locomotora a vapor.
Joseph Nicéphore Niépce fue la primera persona en tomar una fotografía.

1810

Michael Faraday prueba la rotación electromagnética,
el principio del motor eléctrico.
La primera locomotora a vapor de transporte de pasajeros del mundo.
Marc Brunel inventa el blindaje de protección de túneles, haciendo posible la
construcción de túneles subacuáticos.

1820

La línea ferroviaria Liverpool – Manchester comienza con el primer servicio comercial regular.
Fox Talbot obtiene una fotografía.
Charles Babbage inventa una calculadora mecánica.
Samuel Colt inventa el primer revólver.
Samuel Morse desarrolla el Código Morse y el telégrafo.
Great Western es el primer barco de vapor construido para cruzar el océano.
Terminan el primer túnel subacuático bajo el río Támesis.

1830

Se patenta la llanta neumática.

1840

Isaac Singer inventa la primera máquina de coser que
se caracteriza por su practicidad.
John Tyndall demuestra los principios de las fibras ópticas.
Louis Pasteur inventa la pasteurización.

1850

Etienne Lenoir prueba el primer motor que utiliza combustible como propulsor y tiene éxito.
Nace Henry Ford.
Primeros coches cama 'Pullman'.
Cable telegráfico transatlántico.
Alfred Nobel inventa la dinamita.
Se abre el Canal de Suez.

1860

1870

Alexander Graham Bell patenta el teléfono.
Thomas Edison inventa el fonógrafo.
Emile Berliner inventa el micrófono.
Thomas Edison inventa la lámpara incandescente.
La casa de Sir William Armstrong es la primera en utilizar luz eléctrica.
Se inventa la ametralladora.
Karl Benz crea el primer automóvil de combustión interna.
Heinrich Hertz descubre las ondas electromagnéticas.
Se completa la Torre Eiffel.

1880

WL Judson inventa el cierre de cremallera.

1890

Los hermanos Lumière proyectan la primera película a una audiencia.
Se le otorga a Guglielmo Marconi una patente por el invento de la
comunicación por radio.

Se construye el primer dirigible.

1900

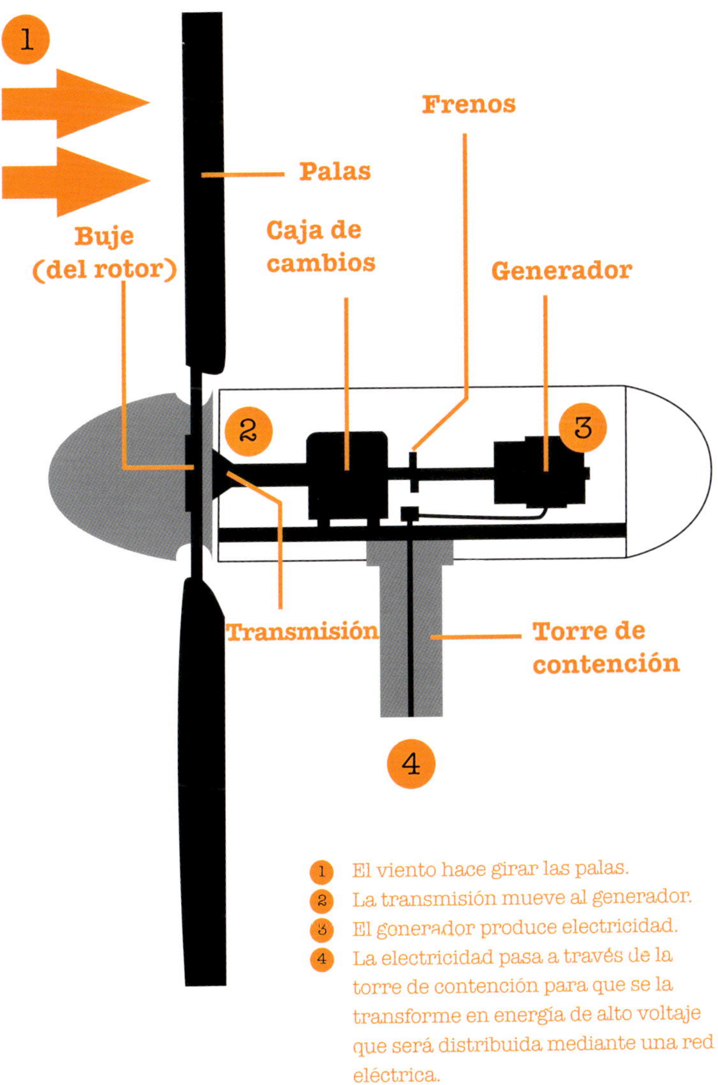

1 El viento hace girar las palas.
2 La transmisión mueve al generador.
3 El generador produce electricidad.
4 La electricidad pasa a través de la torre de contención para que se la transforme en energía de alto voltaje que será distribuida mediante una red eléctrica.

Teoría del color

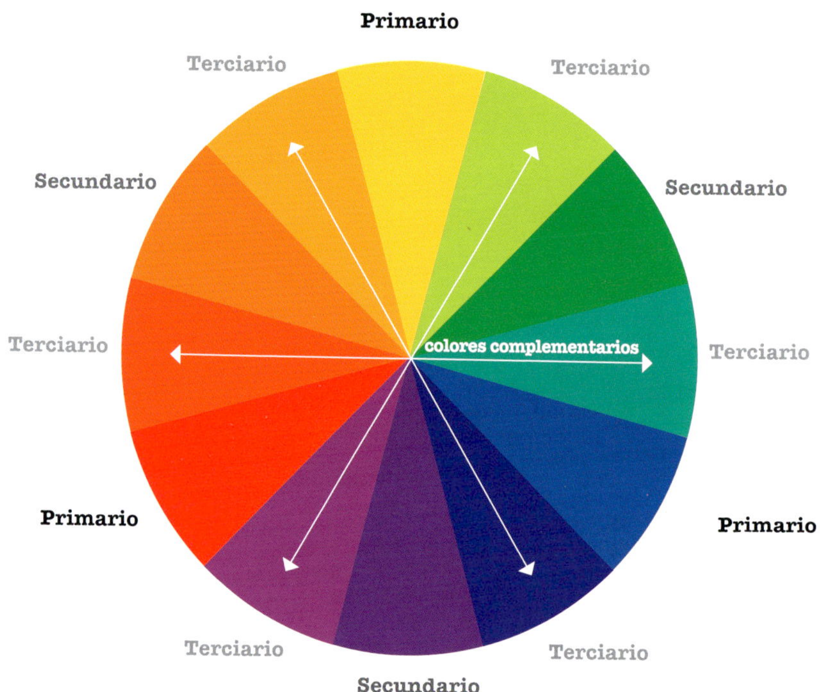

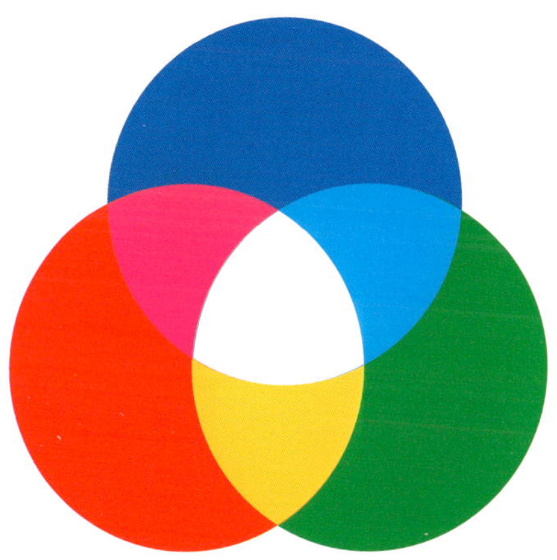

**Principio aditivo de la mezcla de
colores para crear luz**

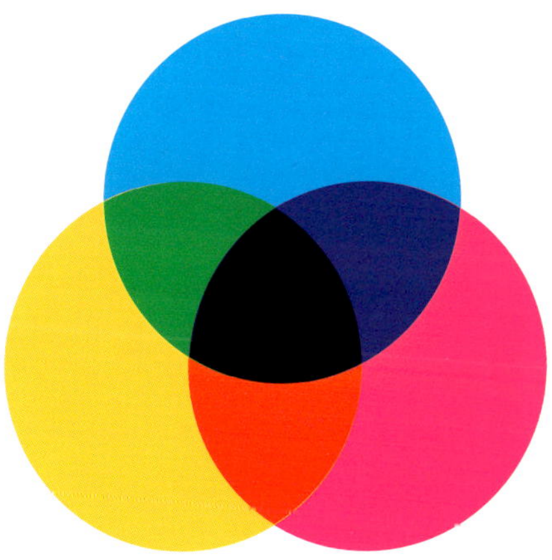

**Principio sustractivo de la mezcla de
colores para crear pigmento**

Tragos

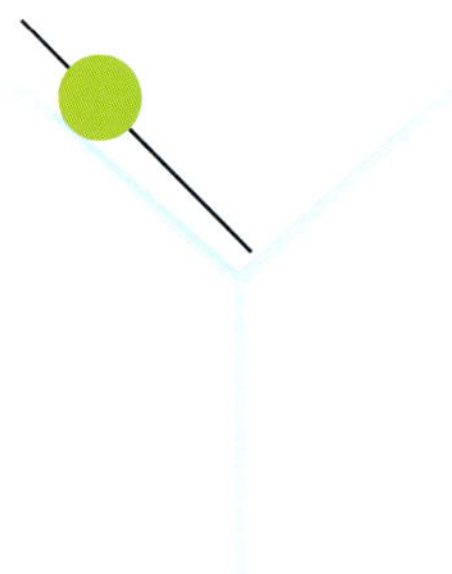

Vodka Martini
45 ml de vodka
Unas gotas de Dry
Vermouth
Batir con hielo
Servir con una aceituna

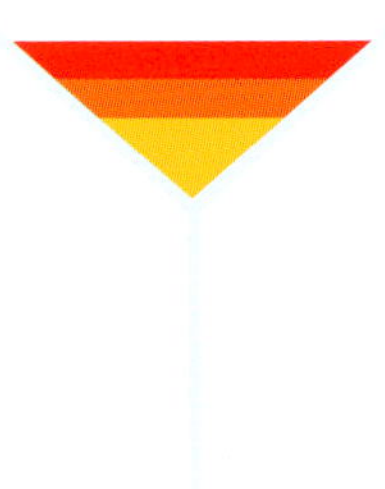

Cosmopolitan
20 ml de vodka
15 ml de Cointreau
30 ml de jugo de arándanos
(rojos)
15 ml de jugo de lima
Batir

Destornillador
45 ml de vodka
130 ml jugo fresco exprimido de
naranja, bien frío
Una pizca de sal
Mezclar con hielo, adornar y
servir

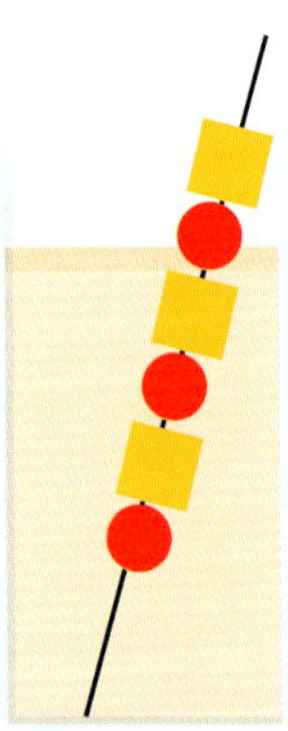

Piña Colada
30 ml de ron blanco
85 ml de jugo de ananá
30 ml de crema de coco
Cantidad necesaria de soda
Mezclar con hielo molido hasta que
quede cremoso y servir con una
brochette de cerezas y ananá

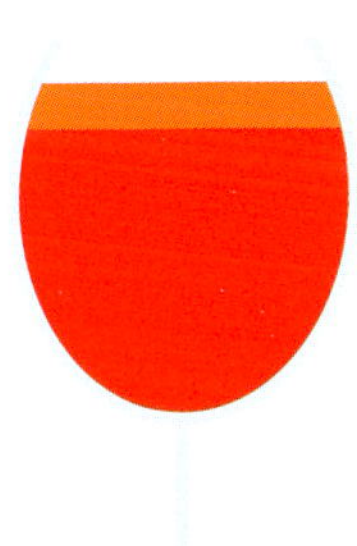

Singapore Sling
45 ml de gin
15 ml de licor de cereza Heering
10 ml de Cointreau
10 ml de DOM Bénédictine
10 ml de granadina
115 ml de jugo de ananá
30 ml de jugo fresco de limón
1 chorro de bitter Angostura

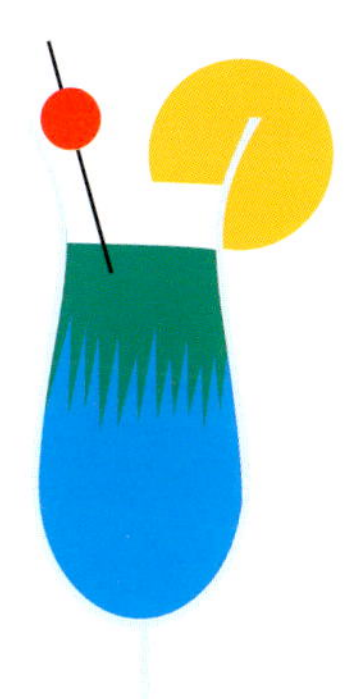

Blue Hawaiian
30 ml de ron blanco
60 ml de jugo de ananá
30 ml de Blue Curaçao
30 ml de crema de coco
Mezclar con hielo
Servir con una rodaja de ananá
y una cereza

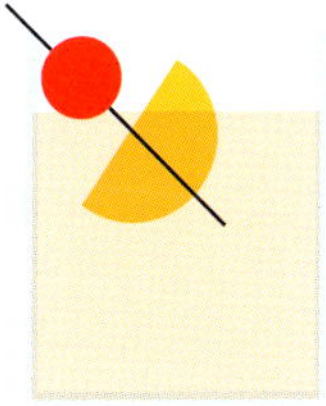

Whisky Sour
45 ml de whisky
15 ml de sour mix
1/2 cucharadita de azúcar
impalpable
Batir con hielo
Servir con una cereza y una
rodaja de limón

Caipirinha
2 cucharaditas de azúcar
1/2 lima fresca cortada en
cuatro gajos
50 ml de cachaça
Ponerle hielo y revolver

Amargo
Ácido
Ácido
Salado
Salado
Dulce

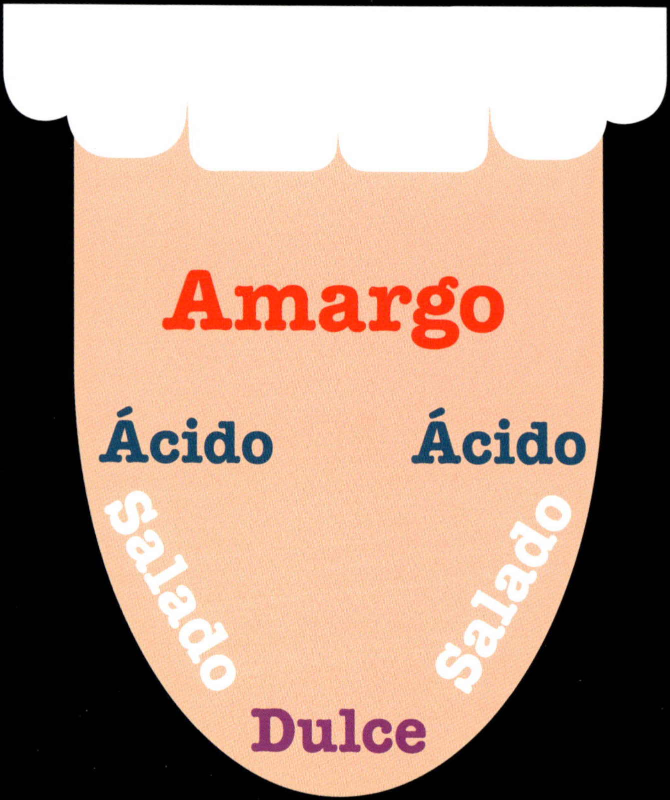

Una dieta balanceada

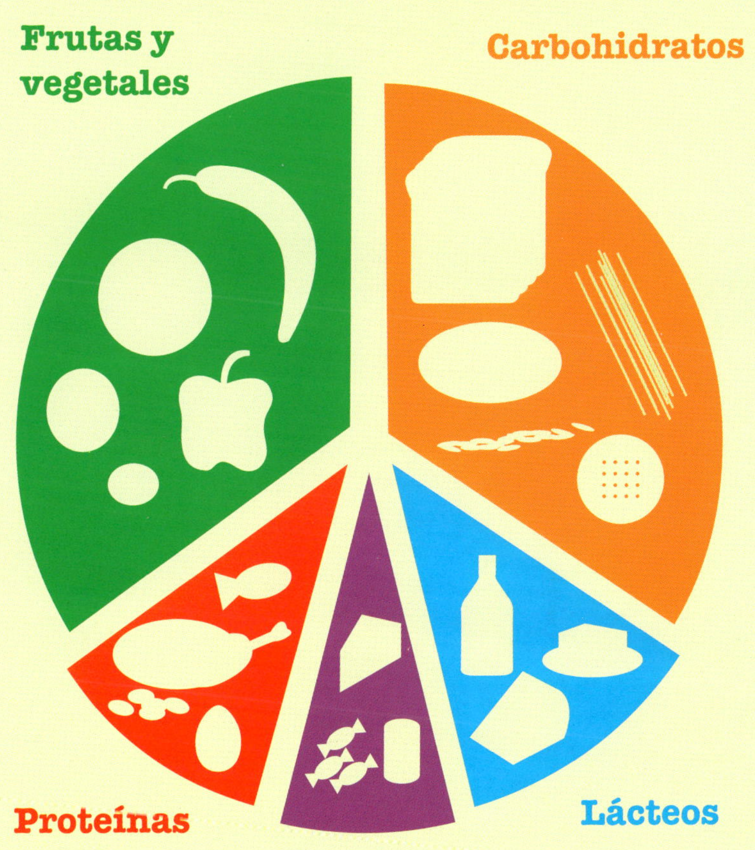

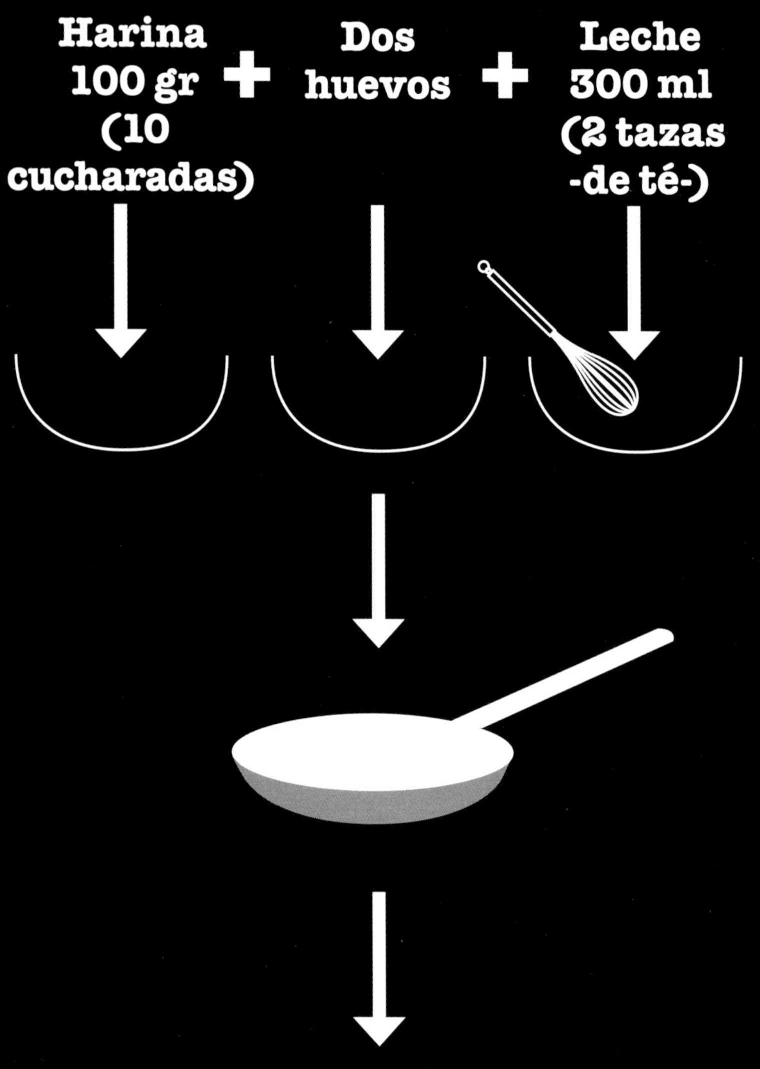

Harina
100 gr
(10
cucharadas)
Dos
huevos
Leche
300 ml
(2 tazas
-de té-)
Ocho panqueques

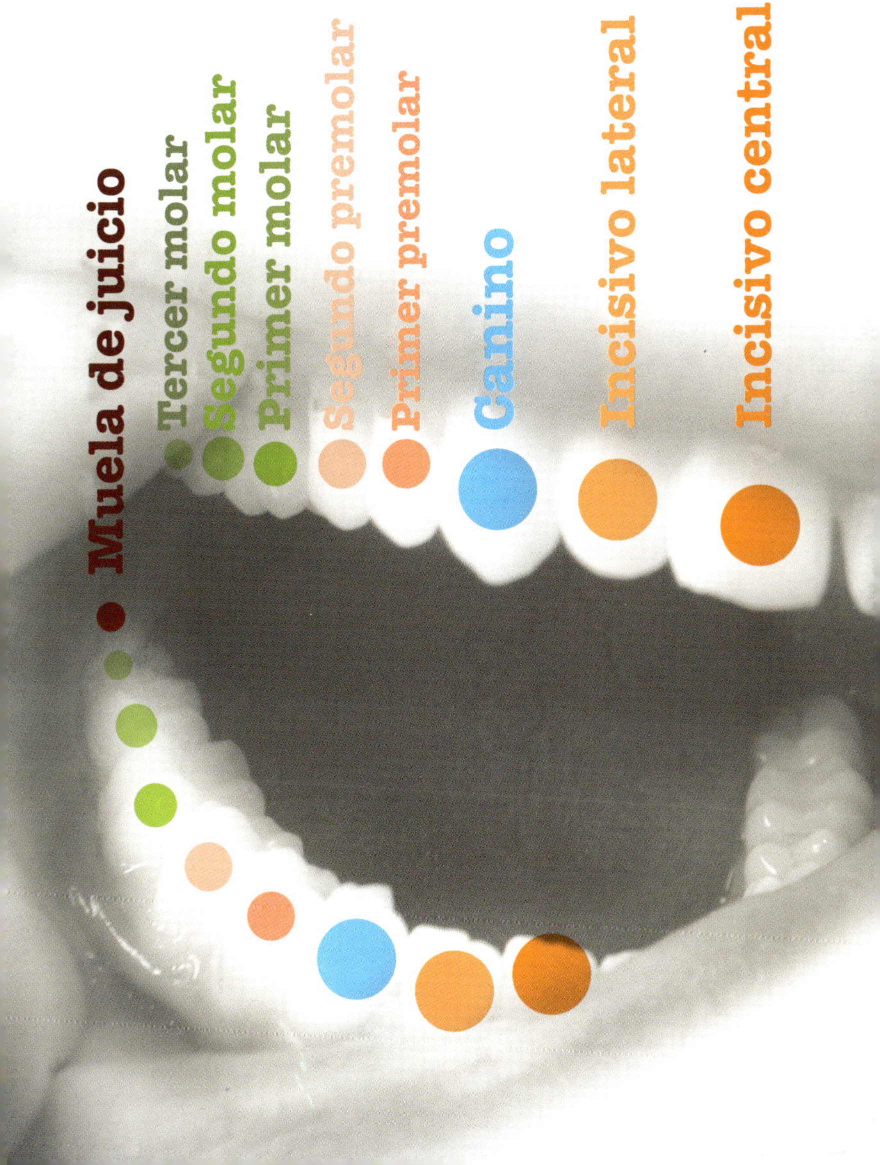

Muela de juicio
Tercer molar
Segundo molar
Primer molar
Segundo premolar
Primer premolar
Canino
Incisivo lateral
Incisivo central

Sistema digestivo humano

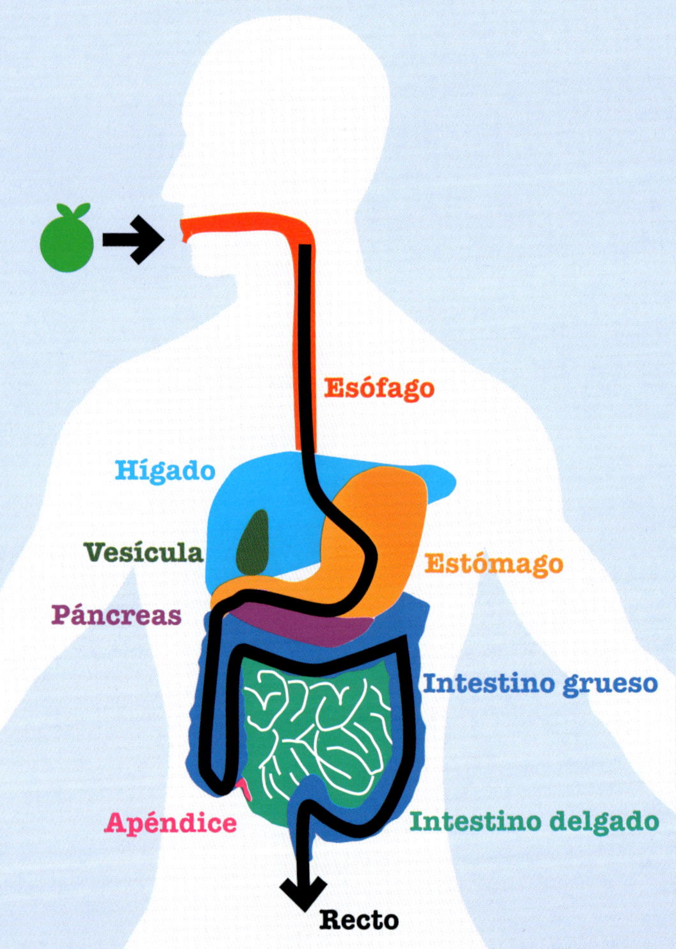

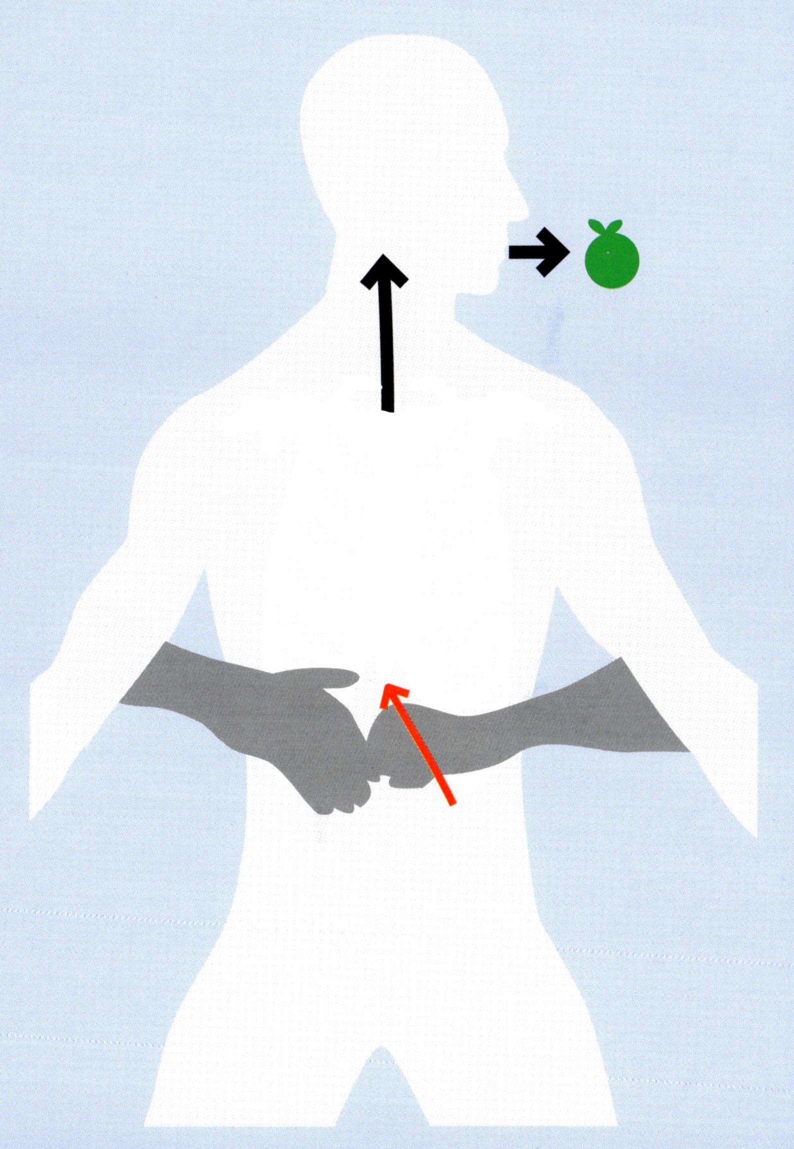

Maniobra de Heimlich

DEFENSA PERSONAL

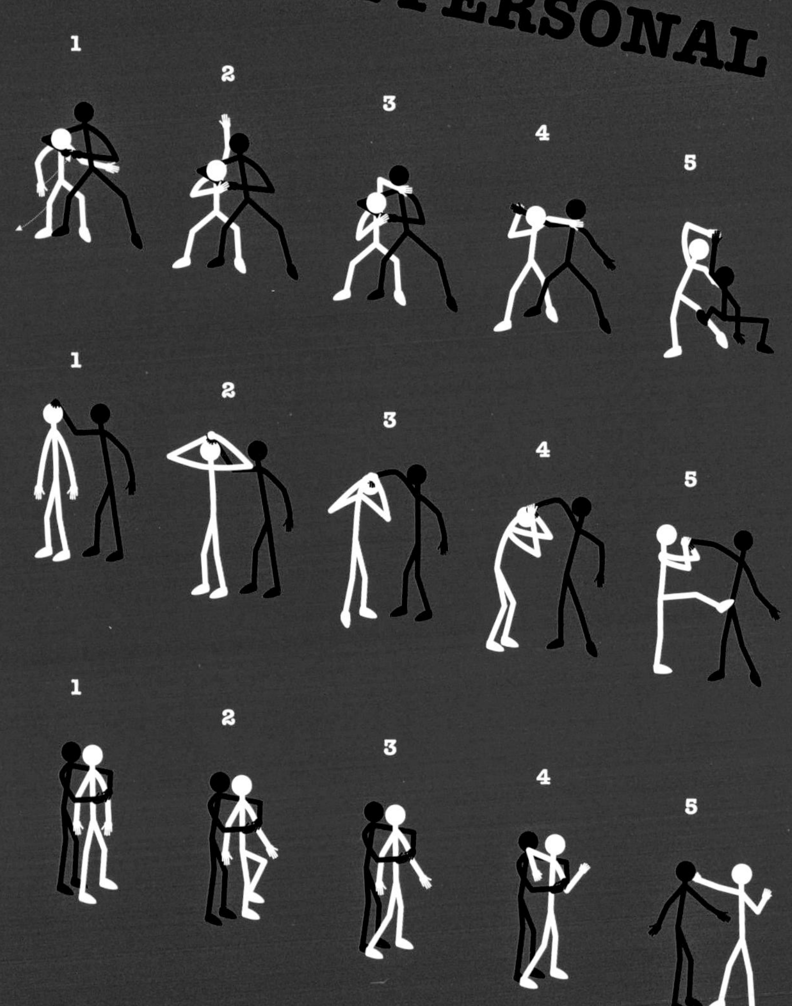

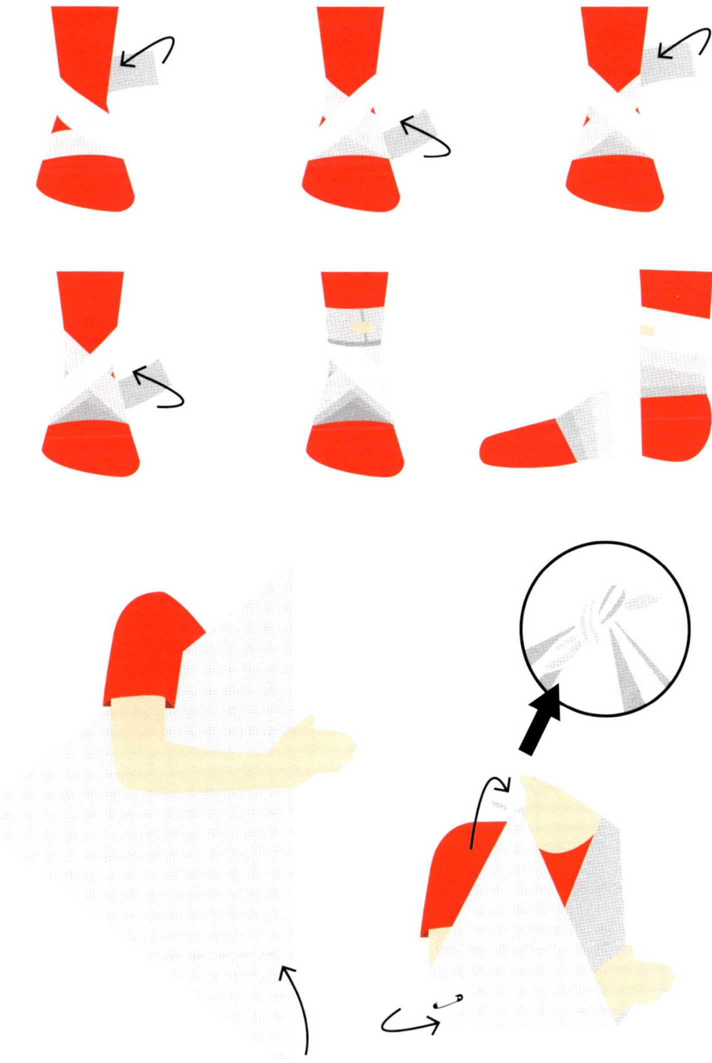

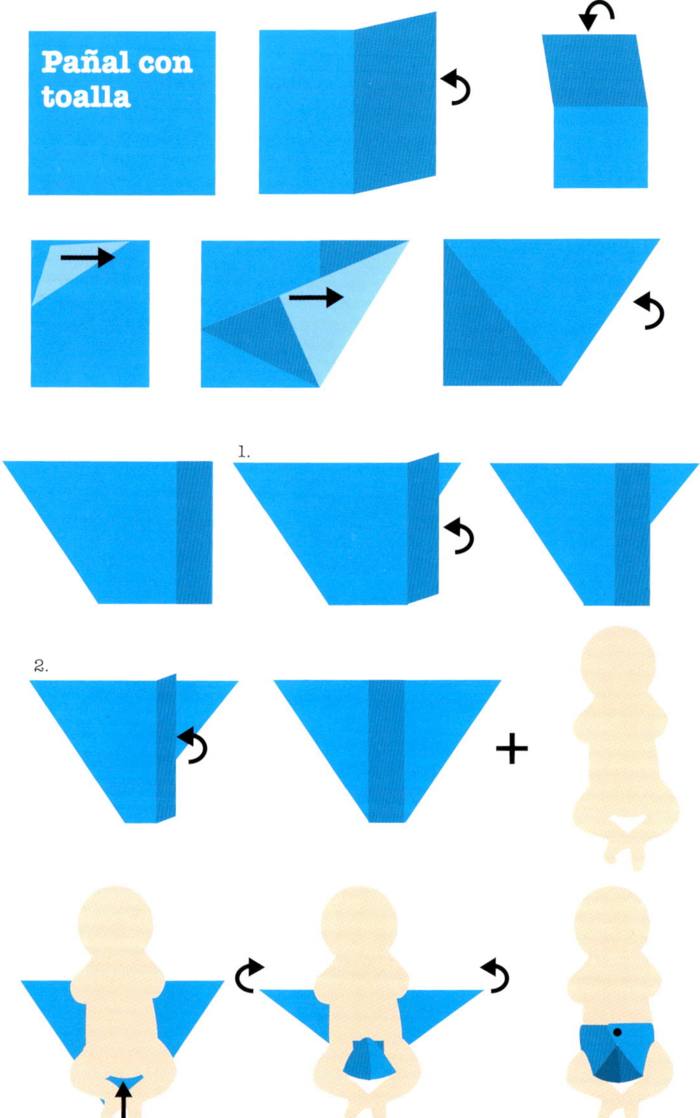
Pañal con
toalla
1.
2.
+

Barquito de papel

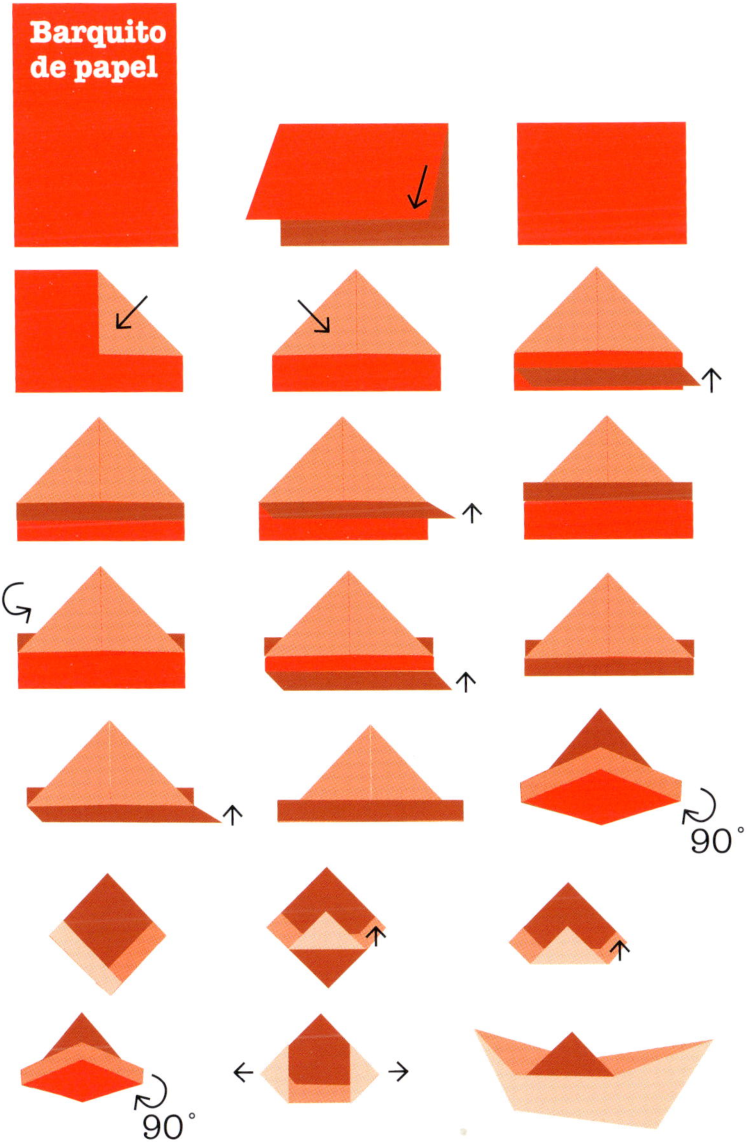

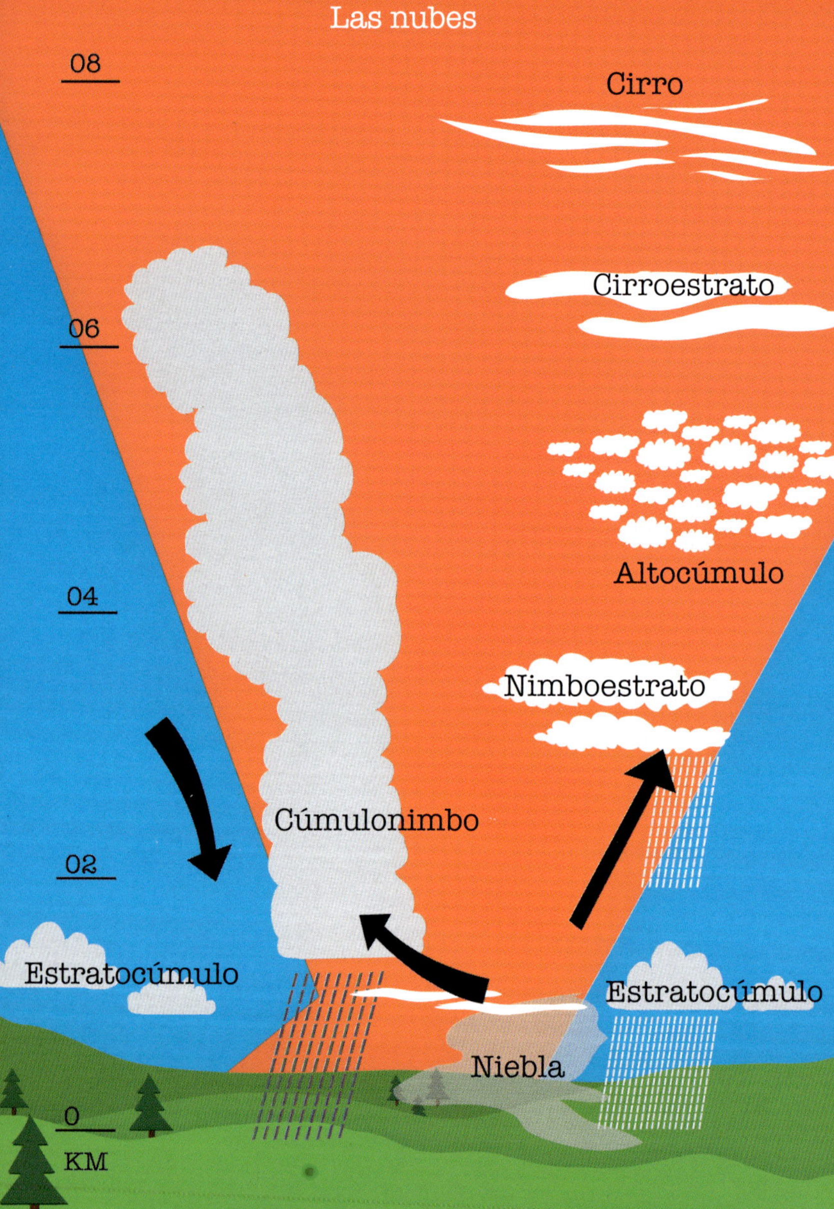

Las nubes
08
Cirro
Cirroestrato
06
Altocúmulo
04
Nimboestrato
Cúmulonimbo
02
Estratocúmulo
Estratocúmulo
Niebla
0
KM

Rodolfo
Narizota
Amó
de Verdad
a Azucena
al Instante
en que la Vió

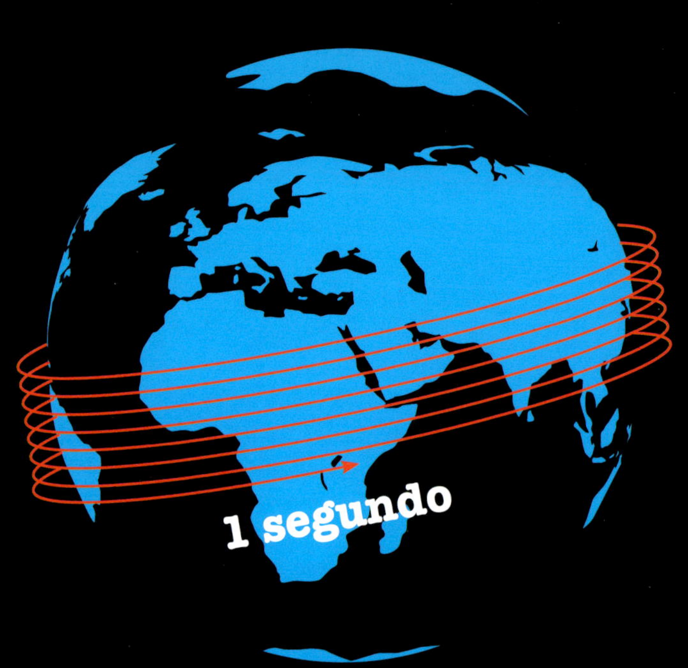
La velocidad de la luz
299.792.458 m/s
1 segundo

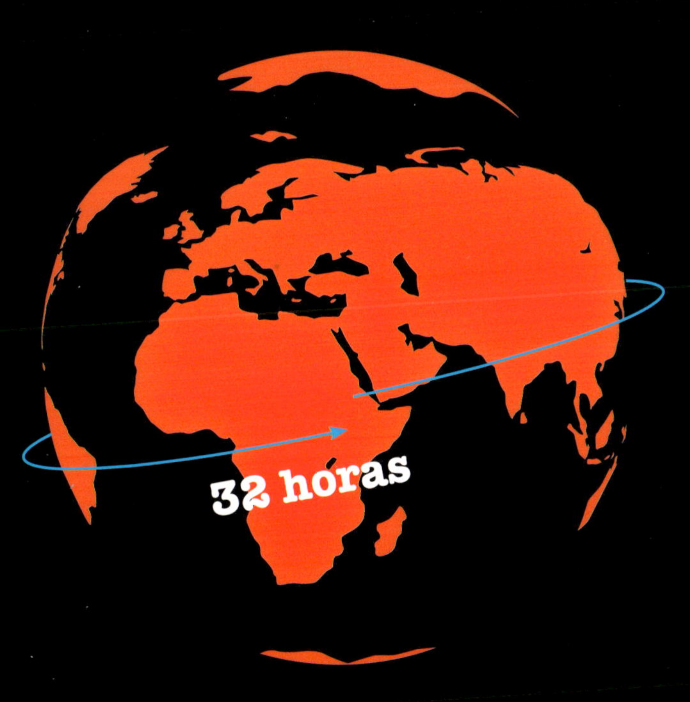

La velocidad del sonido
343 m/s
32 horas

PUNTOS DE REFLEXOLOGÍA AURICULAR

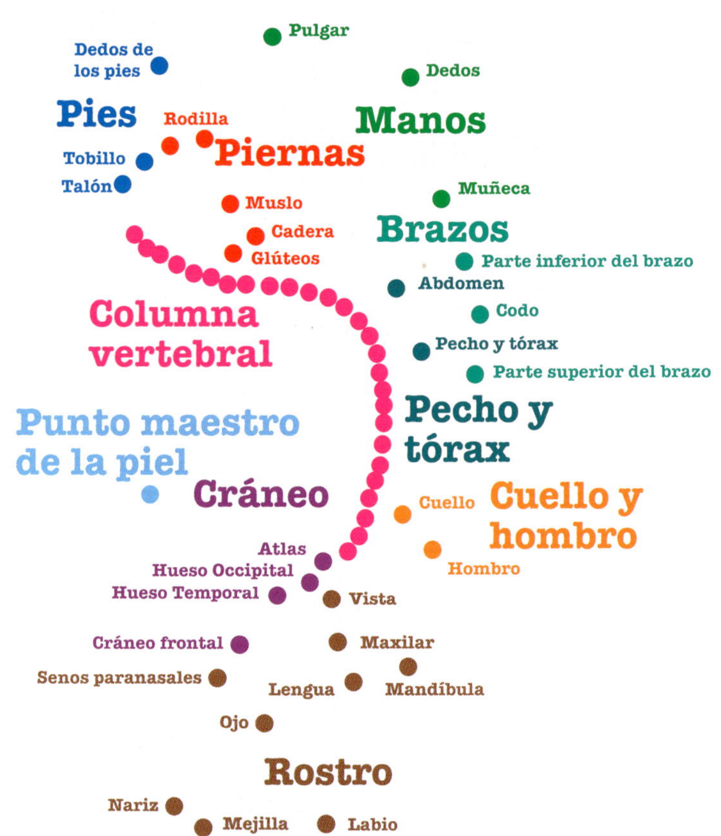

PUNTOS DE REFLEXOLOGÍA PODAL

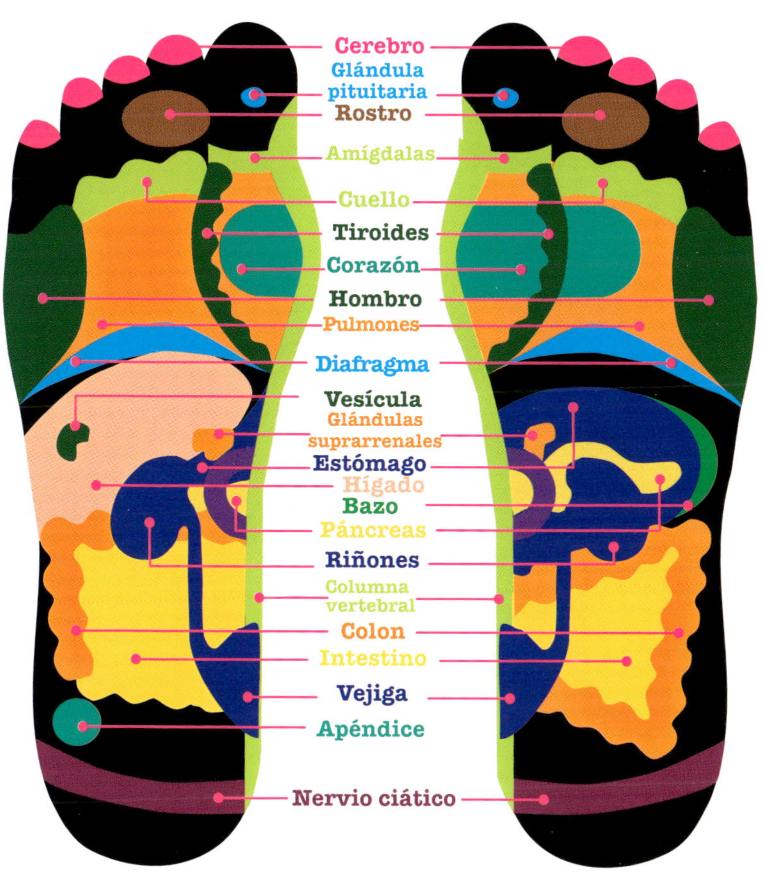

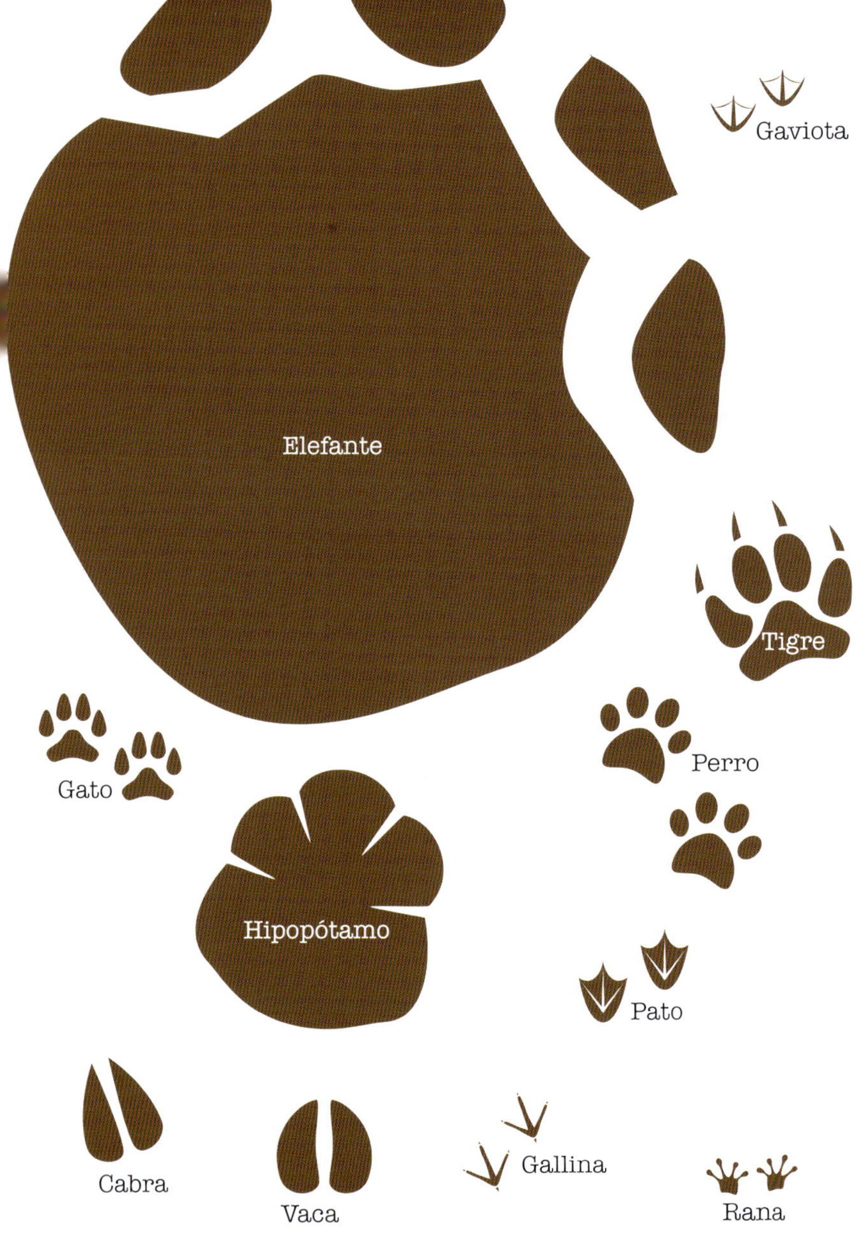

Gaviota
Elefante
Tigre
Perro
Gato
Hipopótamo
Pato
Cabra
Vaca
Gallina
Rana

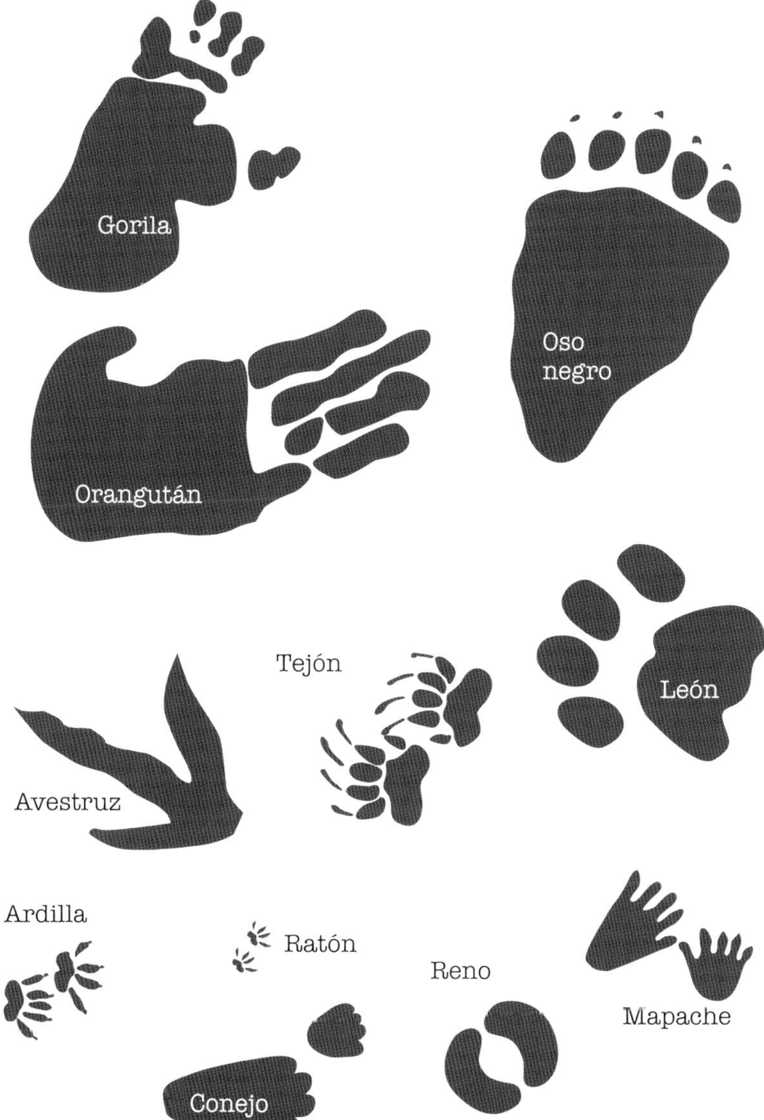

Gorila
Oso negro
Orangután
Tejón
León
Avestruz
Ardilla
Ratón
Reno
Mapache
Conejo

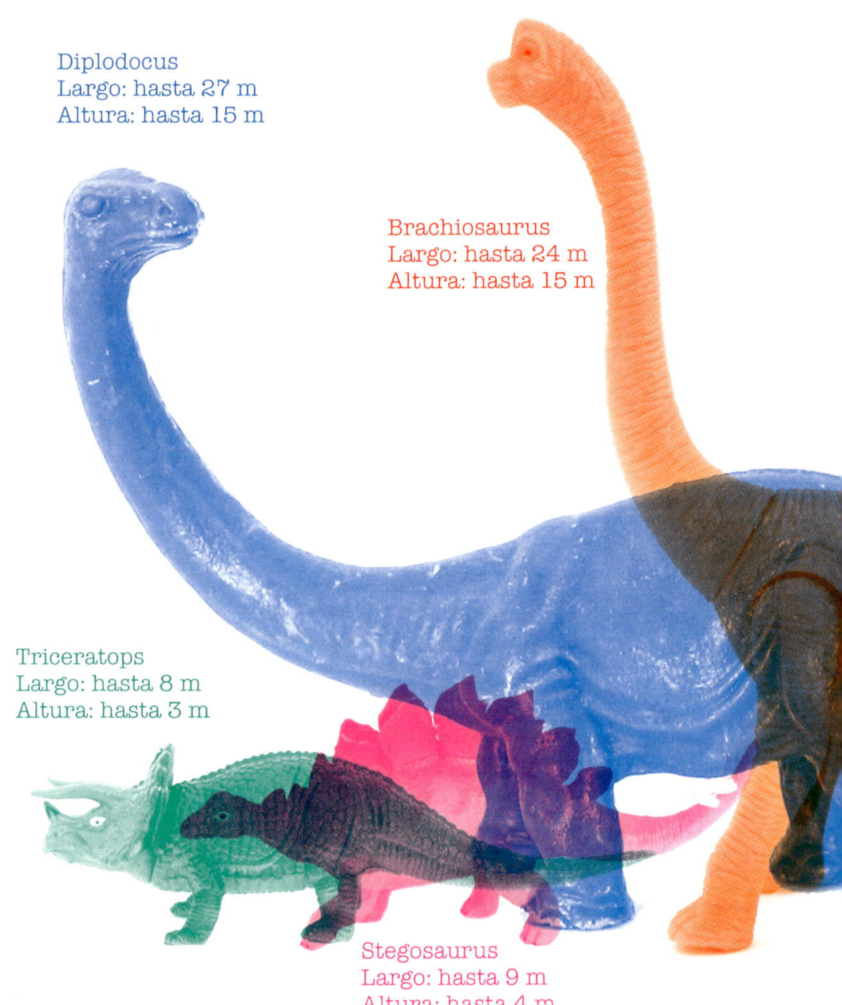

Diplodocus
Largo: hasta 27 m
Altura: hasta 15 m
Brachiosaurus
Largo: hasta 24 m
Altura: hasta 15 m
Triceratops
Largo: hasta 8 m
Altura: hasta 3 m
Stegosaurus
Largo: hasta 9 m
Altura: hasta 4 m

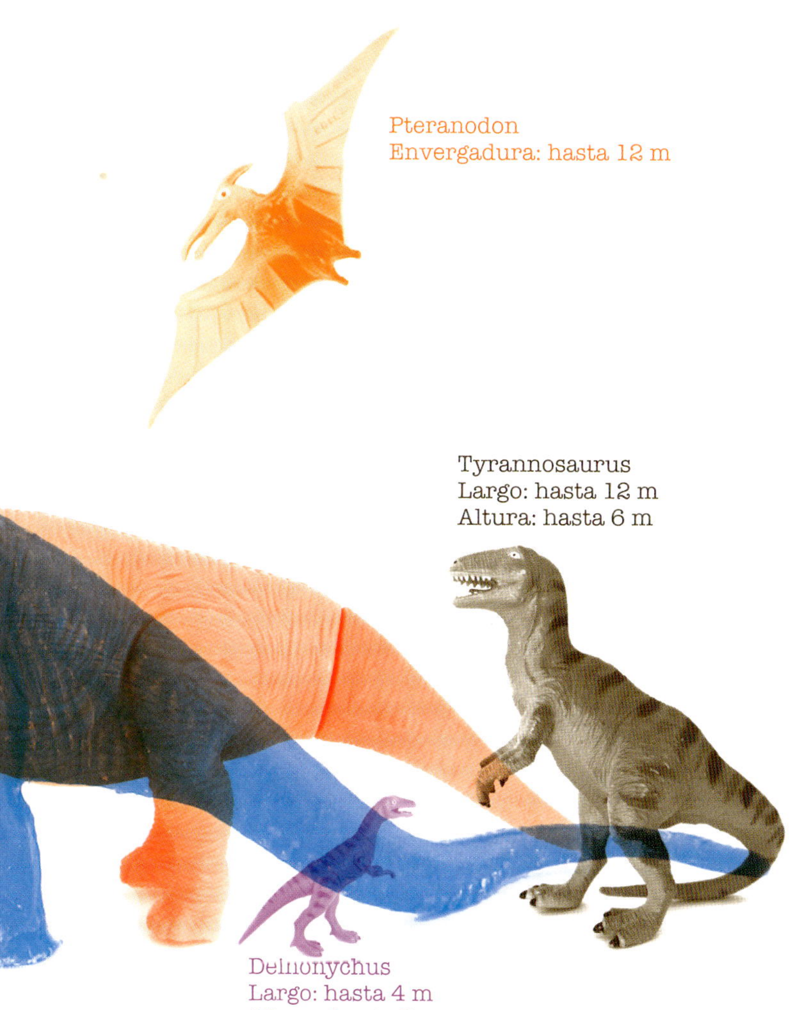
Pteranodon
Envergadura: hasta 12 m
Tyrannosaurus
Largo: hasta 12 m
Altura: hasta 6 m
Deinonychus
Largo: hasta 4 m
Altura: hasta 2 m

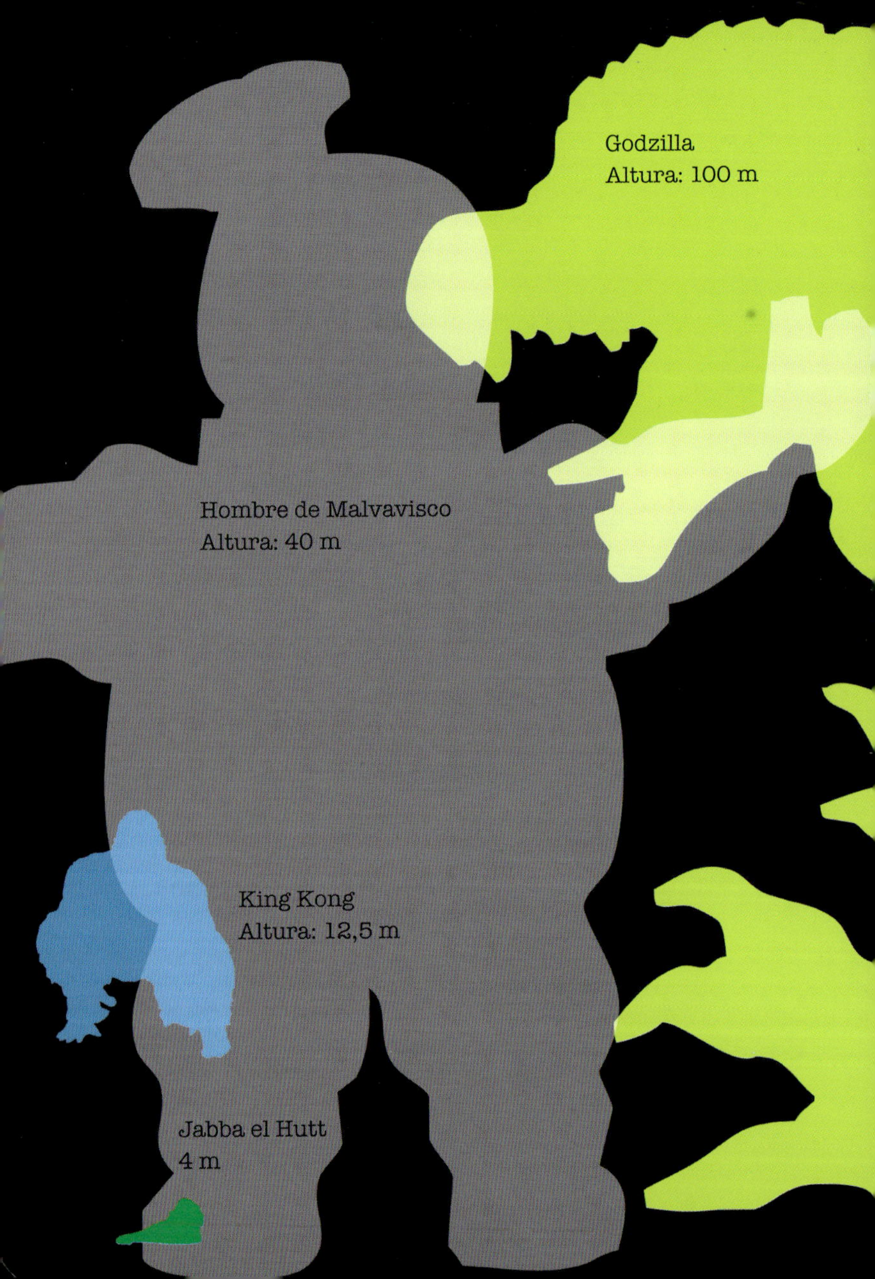
Godzilla
Altura: 100 m
Hombre de Malvavisco
Altura: 40 m
King Kong
Altura: 12,5 m
Jabba el Hutt
4 m

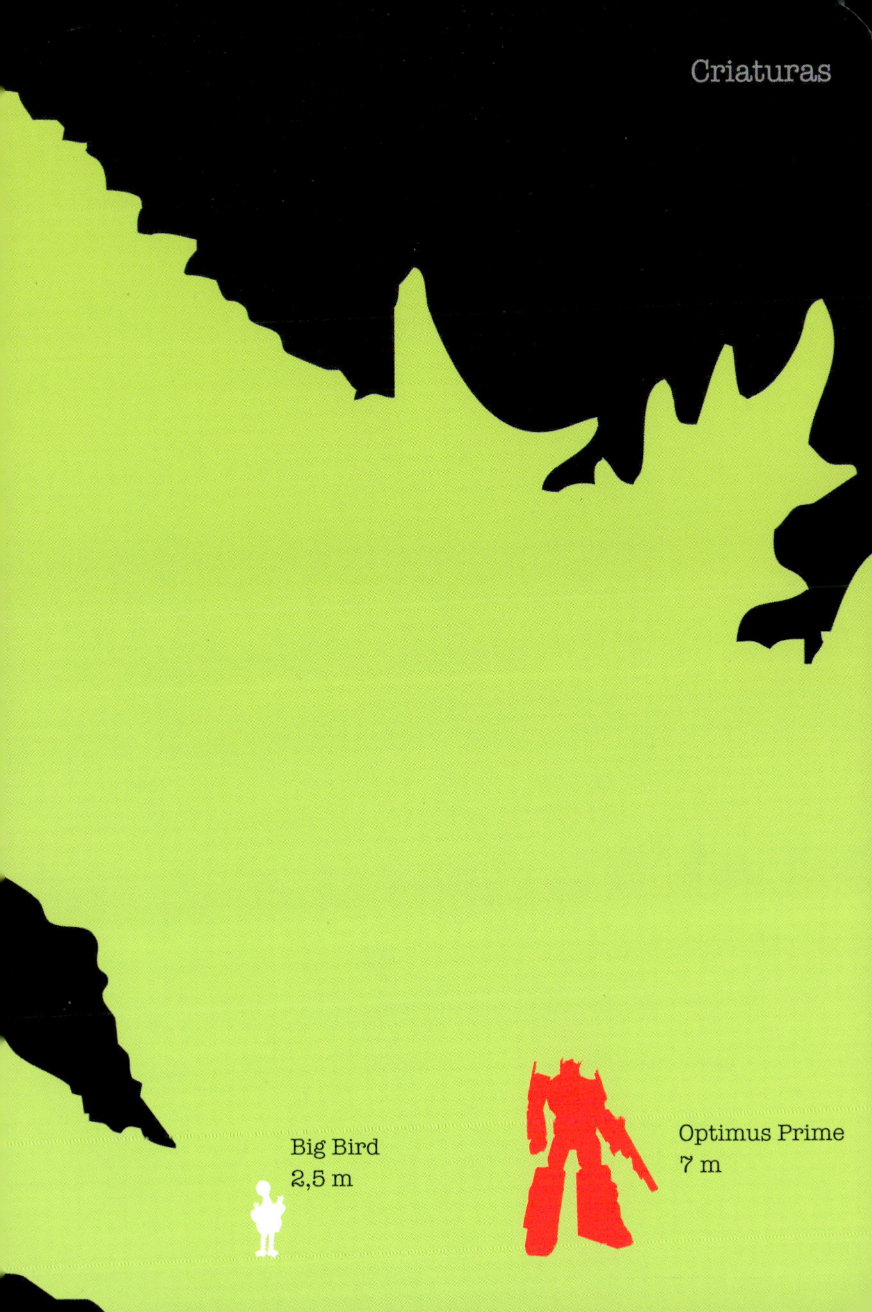

Criaturas
Big Bird
2,5 m
Optimus Prime
7 m

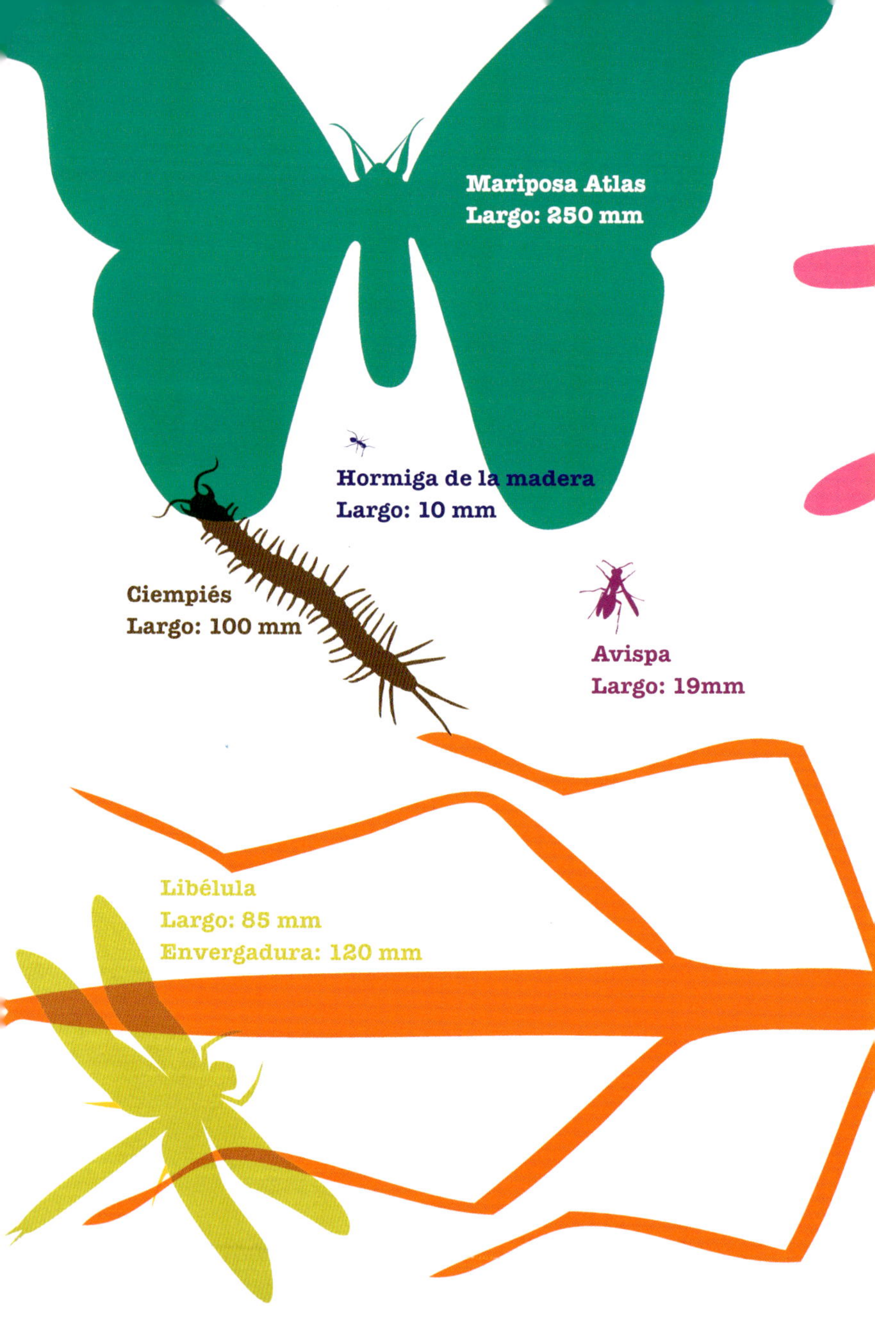

Mariposa Atlas
Largo: 250 mm
Hormiga de la madera
Largo: 10 mm
Ciempiés
Largo: 100 mm
Avispa
Largo: 19mm
Libélula
Largo: 85 mm
Envergadura: 120 mm

Bichos

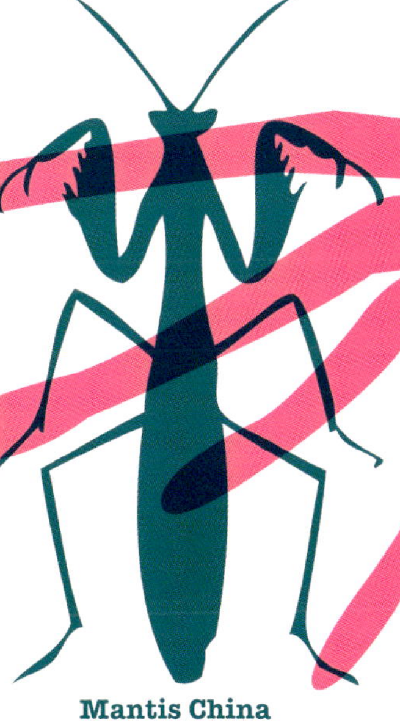

Mantis China
Largo: 150 mm

Tarántula Goliat
Alcance de las patas: 330 mm

Escarabajo Goliat
Largo: 110 mm

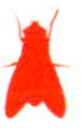

Mosca azul
Largo: 14 mm

Insecto palo
Largo: 550 mm

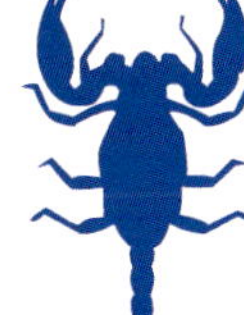

Escorpión
Largo: 60 mm

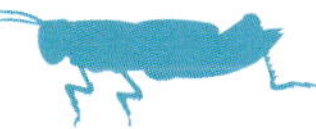

Saltamontes
Largo: 45 mm

Diamantes

QUILATES
7.00
5.00
3.00
2.50
2.00
2.00
1.75
1.50
1.25
1.00
0.75
0.50
0.25
0.20
0.15
0.10
0.05
Muy poco profundo
Perfecto
Muy profundo
Redondo
Asscher
Esmeralda
Óvalo
Marquesa
Gota
Radiante
Princesa
Corazón
Blanco excepcional (DEF)
Blanco (GHIJ)
Blanco difuminado (KLM)
Ligeramente coloreado (NOPQRST UVWXYZ)
Sin inclusiones (F)
Internamente inmaculado (IF)
Inclusiones muy, muy pequeñas (VVS1-VVS2)
Inclusiones muy pequeñas (VS1-VS2)
Inclusiones pequeñas (SI1-SI2)
Imperfecto (I1-I3)

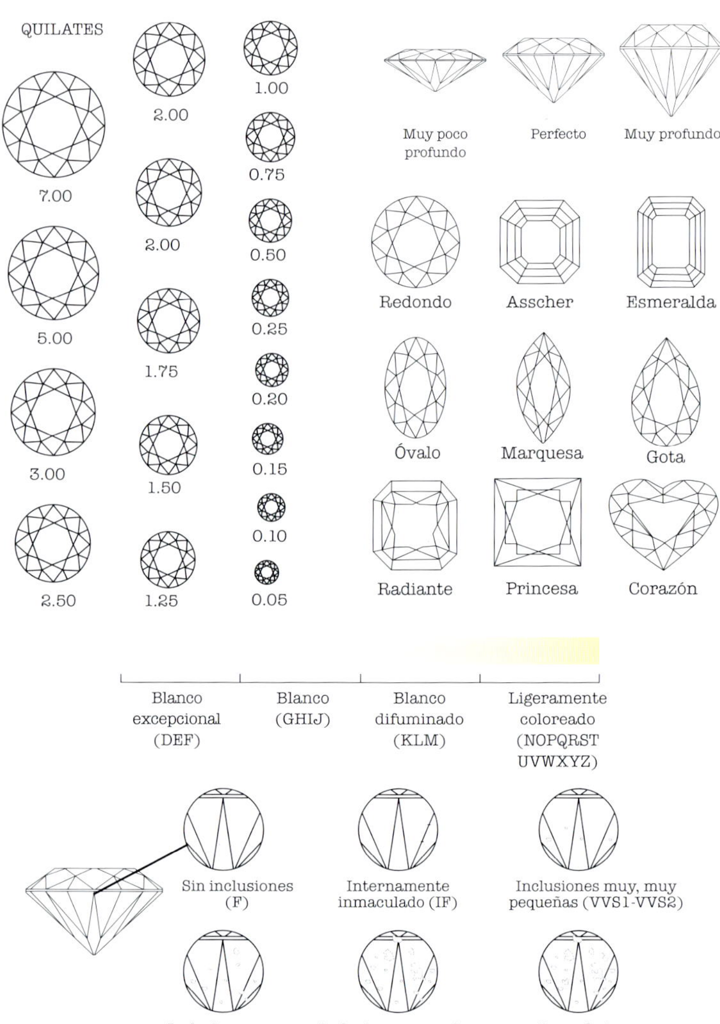

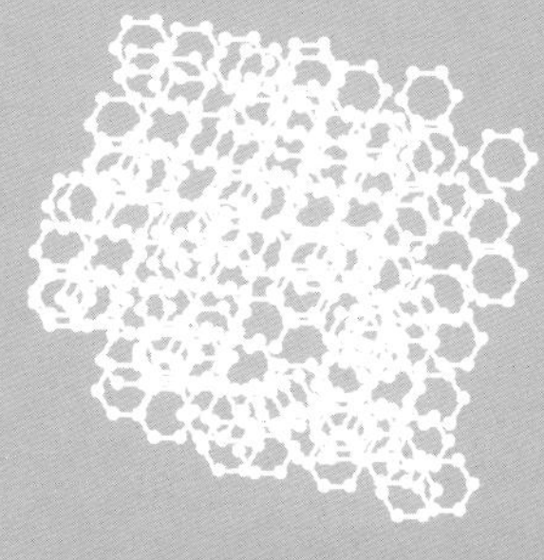

Diamante

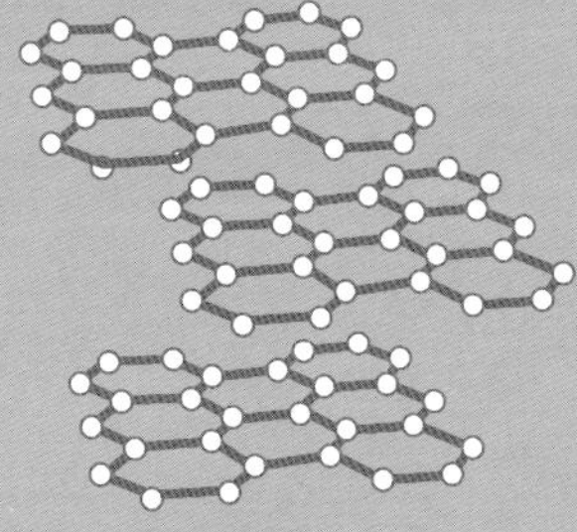

Grafito

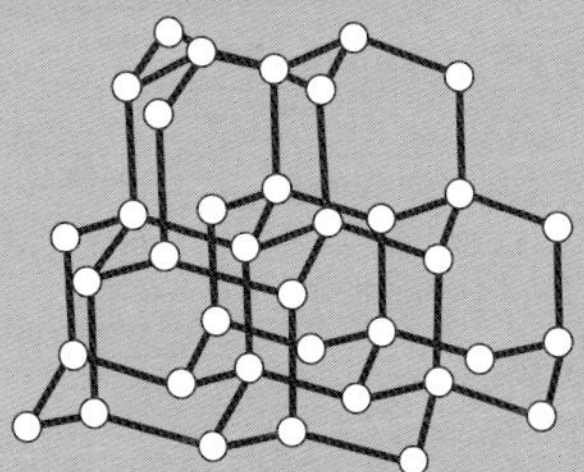

**Carbón
mineral**

HISTORIA GEOLÓGICA DE LA TIERRA

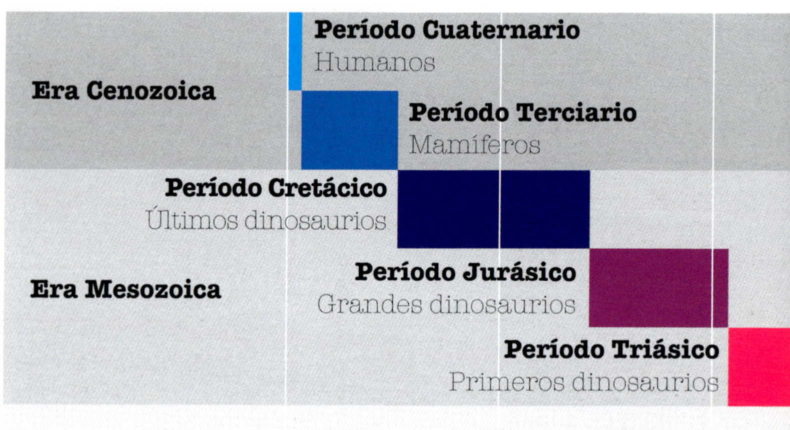

Era Paleozoica

Período Precámbrico

Millones de años   0   100   200

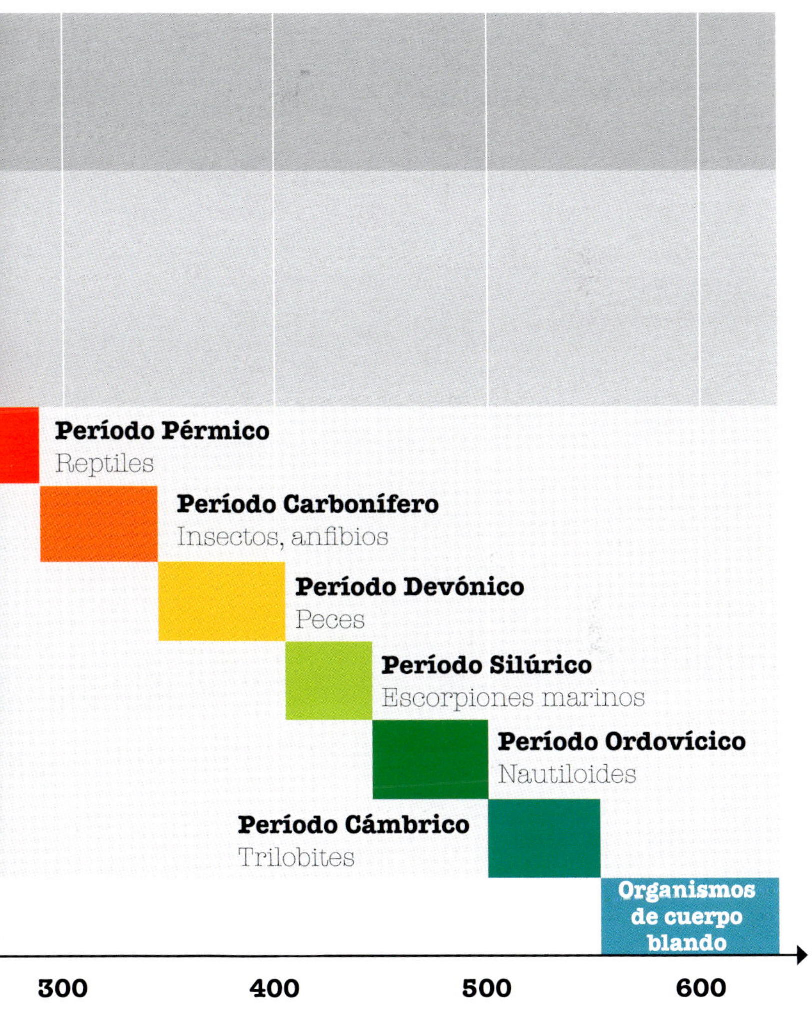

Período Pérmico
Reptiles
Período Carbonífero
Insectos, anfibios
Período Devónico
Peces
Período Silúrico
Escorpiones marinos
Período Ordovícico
Nautiloides
Período Cámbrico
Trilobites
Organismos de cuerpo blando
300
400
500
600

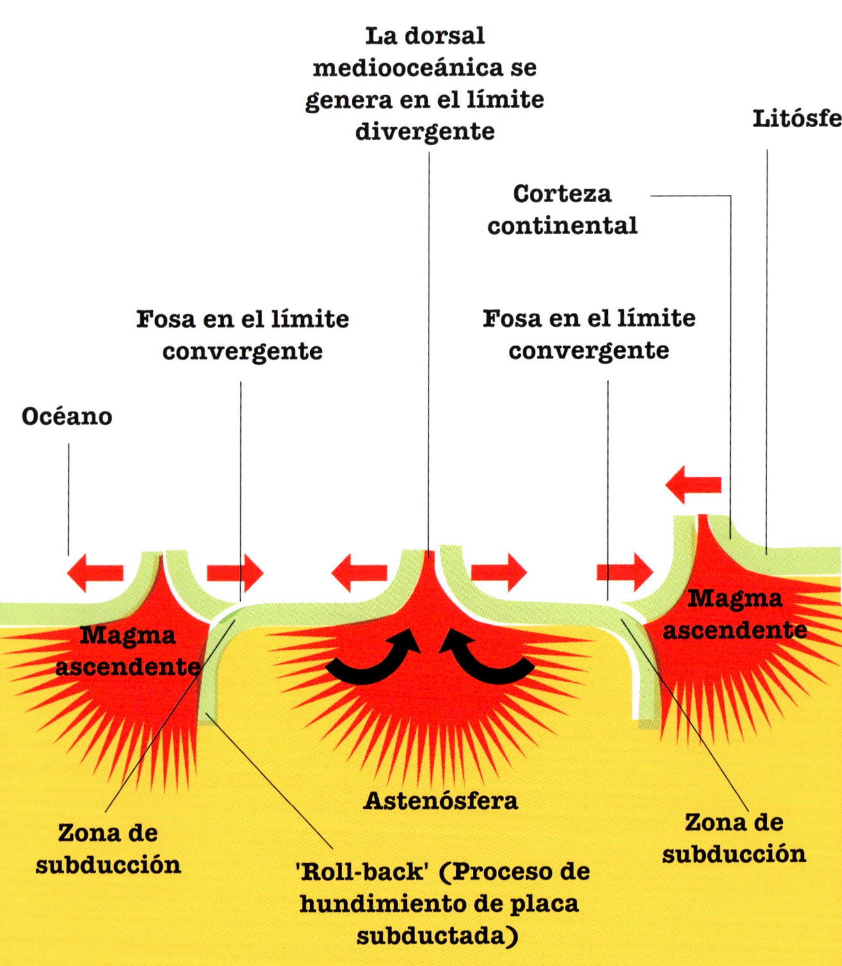

La dorsal mediooceánica se genera en el límite divergente
Litósfer
Corteza continental
Fosa en el límite convergente
Fosa en el límite convergente
Océano
Magma ascendente
Magma ascendente
Zona de subducción
Astenósfera
'Roll-back' (Proceso de hundimiento de placa subductada)
Zona de subducción
Placas tectónicas

Un volcán

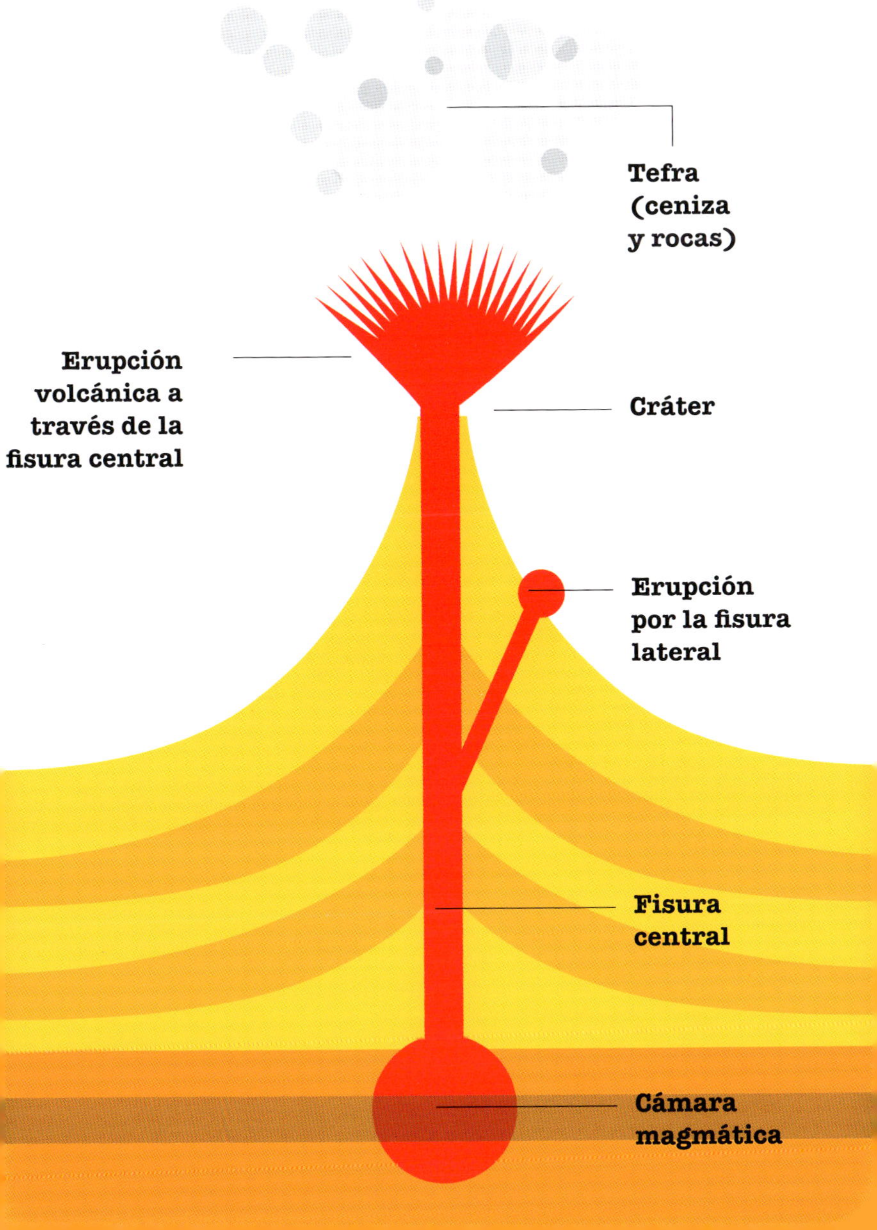

Tefra (ceniza y rocas)

Erupción volcánica a través de la fisura central

Cráter

Erupción por la fisura lateral

Fisura central

Cámara magmática

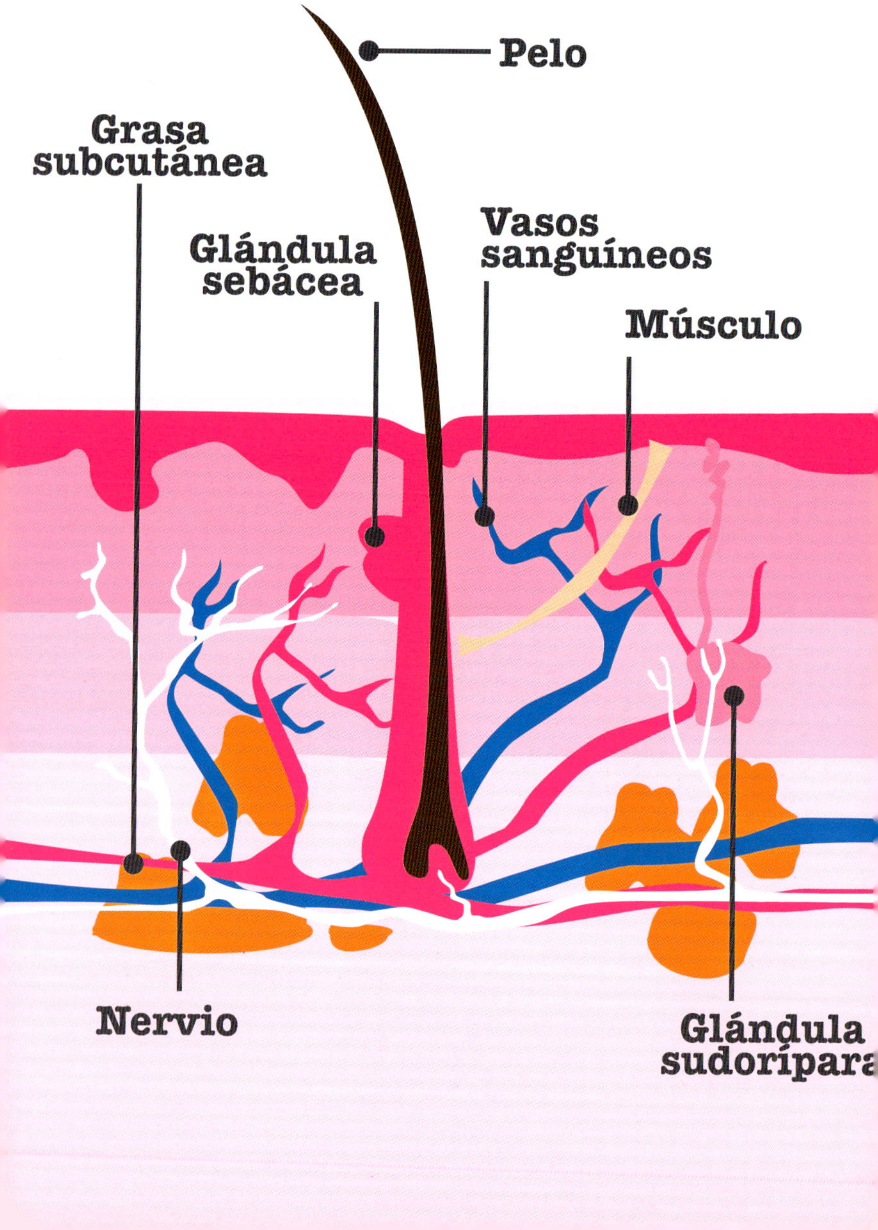

Pelo
Pelo
Grasa subcutánea
Glándula sebácea
Vasos sanguíneos
Músculo
Nervio
Glándula sudorípara

Cortes

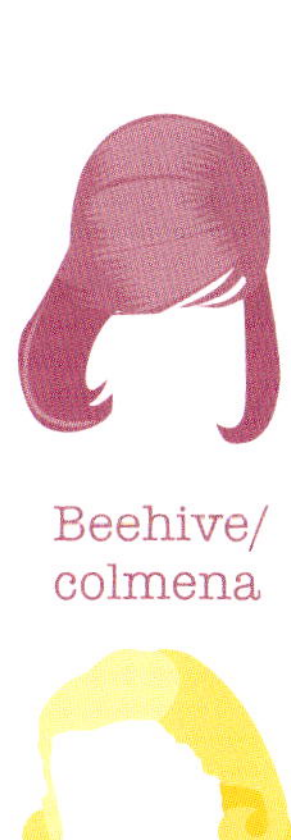 Beehive/
colmena

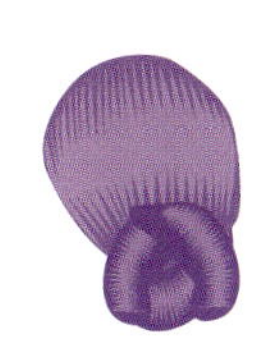 Chignon

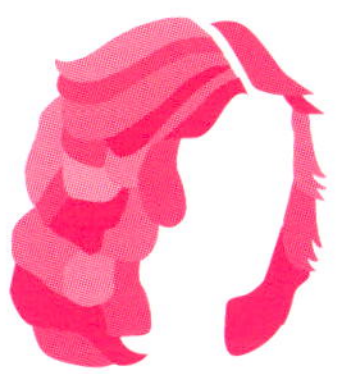 Middy

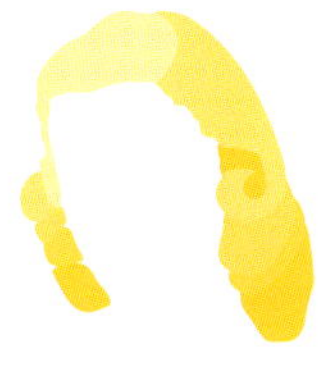 Victory rolls

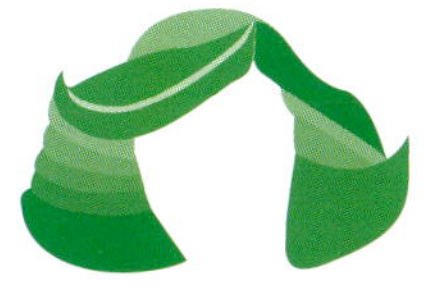 El flick

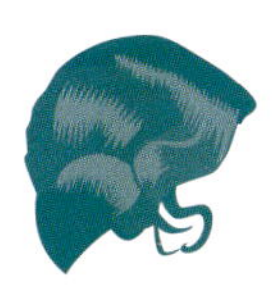 Ondas al agua

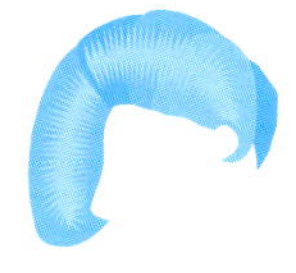 Jopo

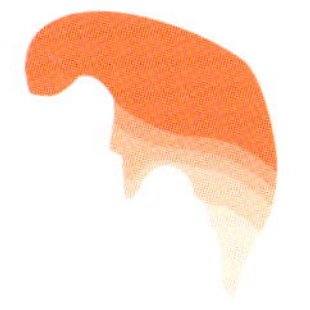 Pompadour

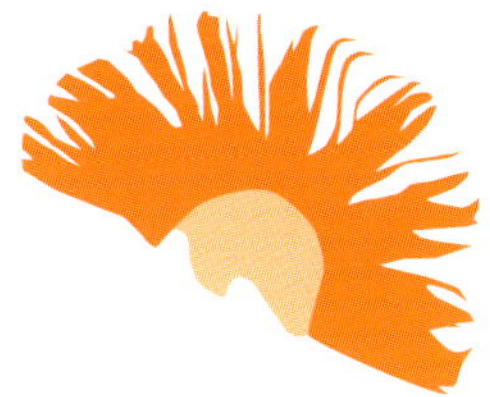 Mohicano

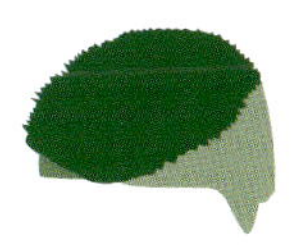 Corte militar

 Mullet

Corte taza

Sombreros

Porkpie
Canotier
Bombín
Fedora
Homburg
Trilby
Cloché
Pill box
Sombrero de cóctel
Capelina
Newsboy
Bretón

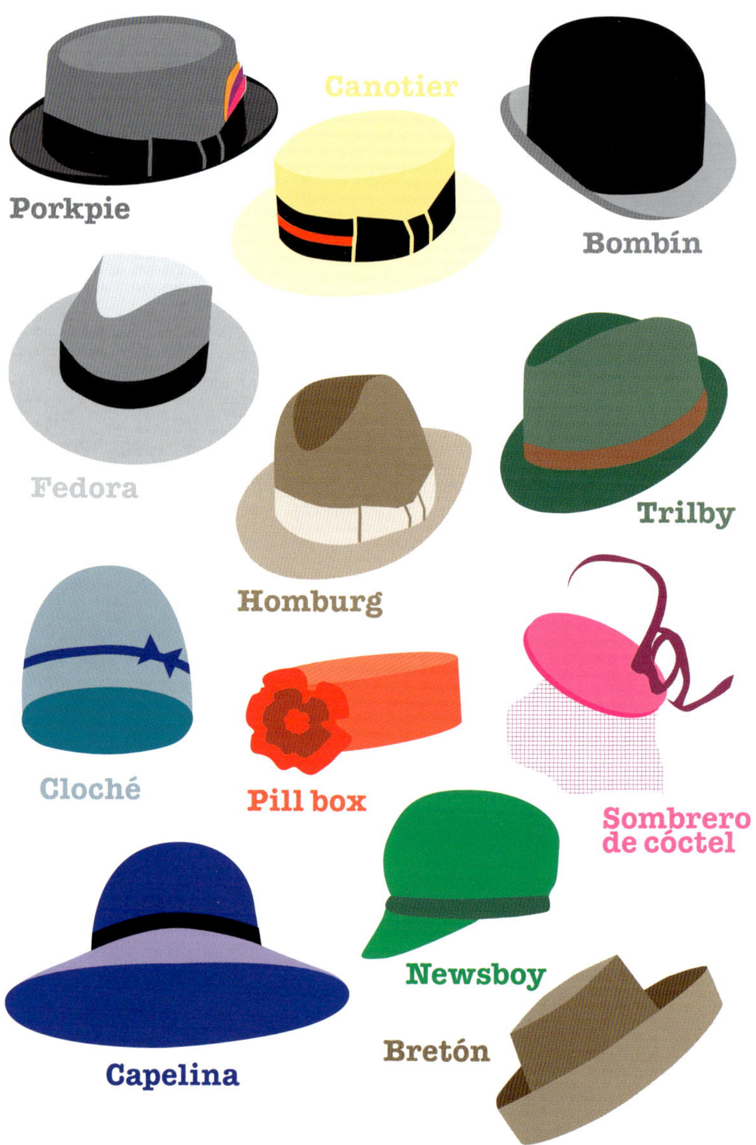

El cerebro humano

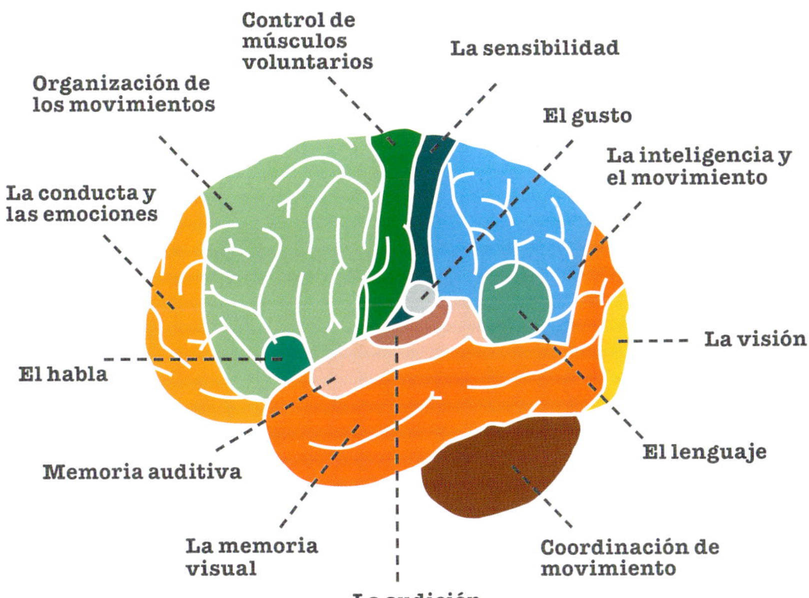

Sistema nervioso

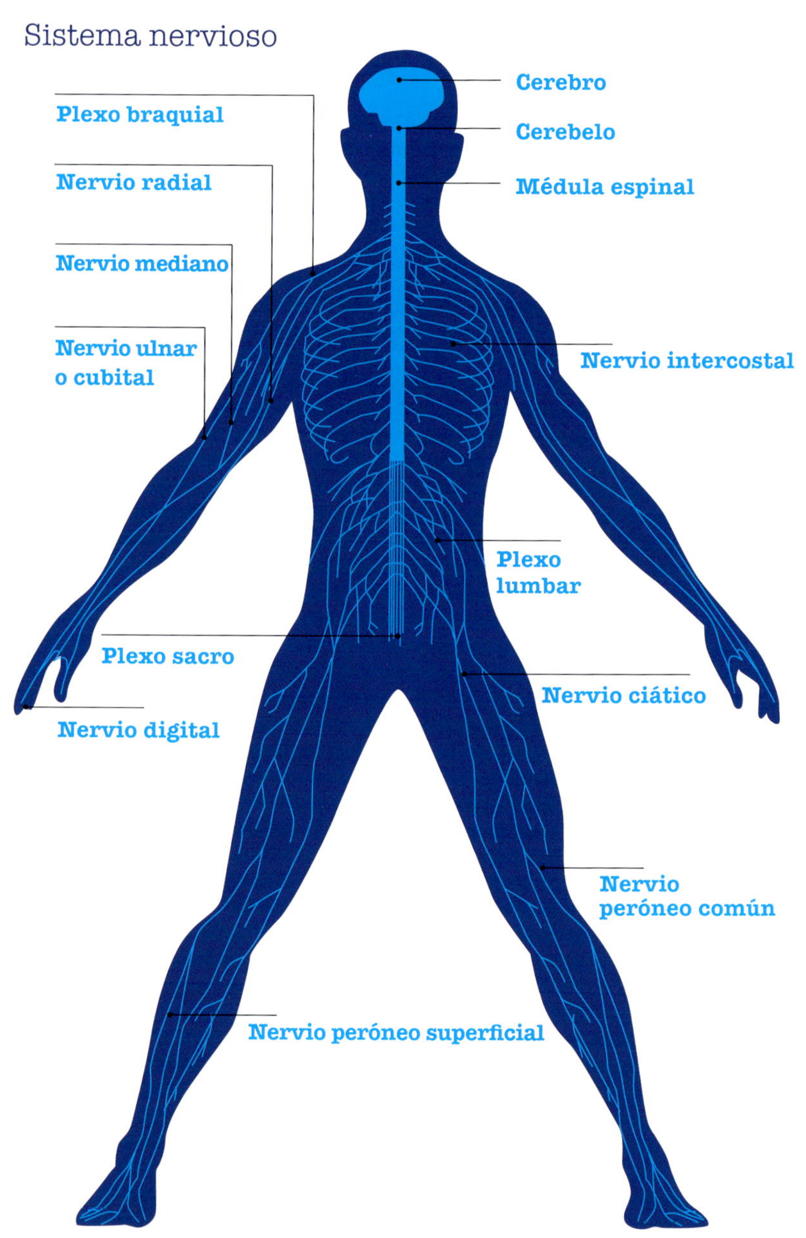

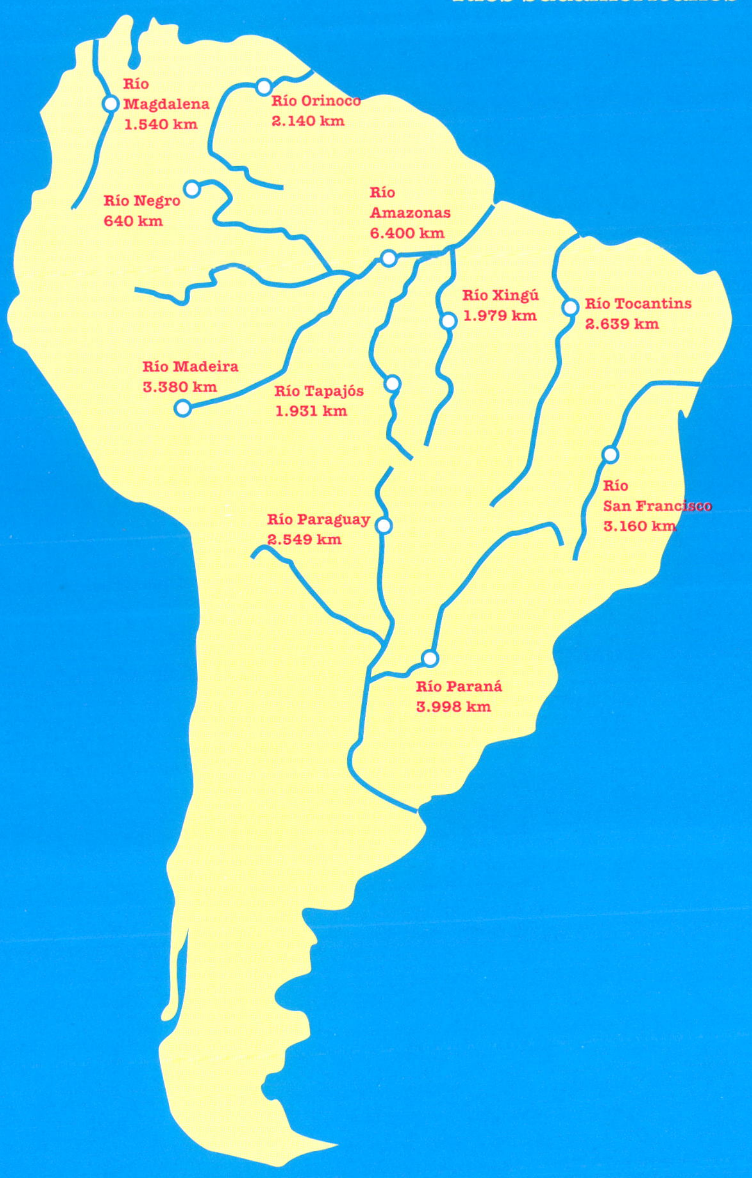

Ríos sudamericanos
Río Magdalena 1.540 km
Río Orinoco 2.140 km
Río Negro 640 km
Río Amazonas 6.400 km
Río Xingú 1.979 km
Río Tocantins 2.639 km
Río Madeira 3.380 km
Río Tapajós 1.931 km
Río San Francisco 3.160 km
Río Paraguay 2.549 km
Río Paraná 3.998 km

Ciclo del agua

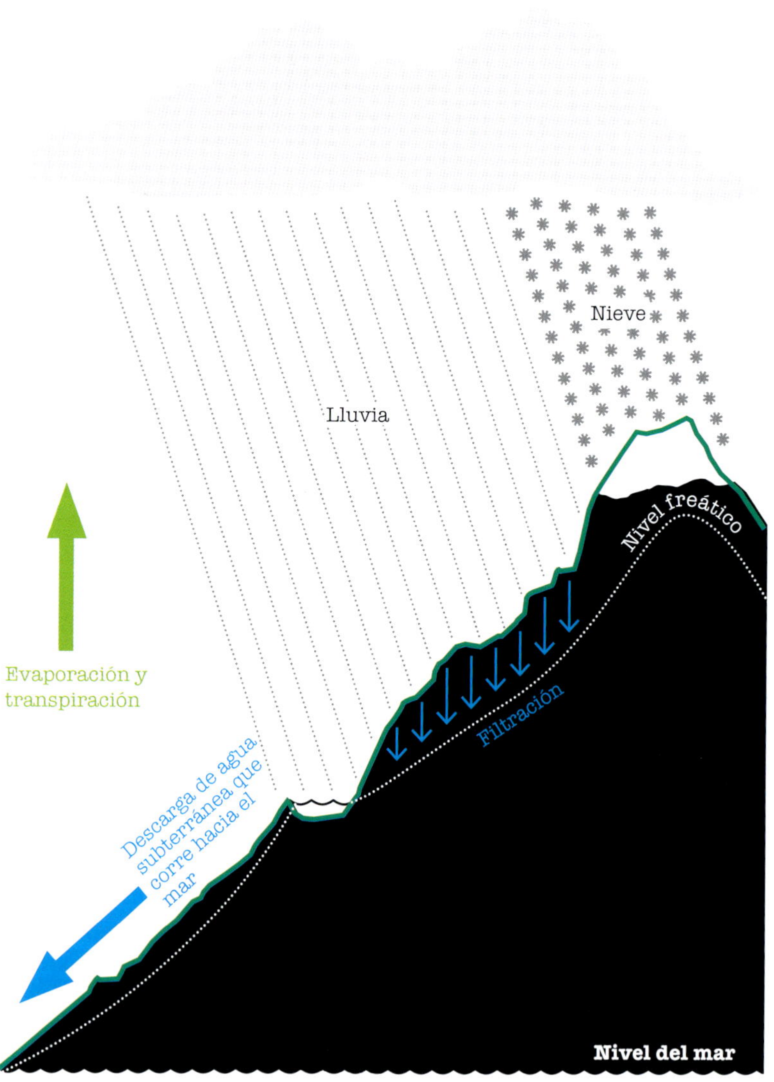

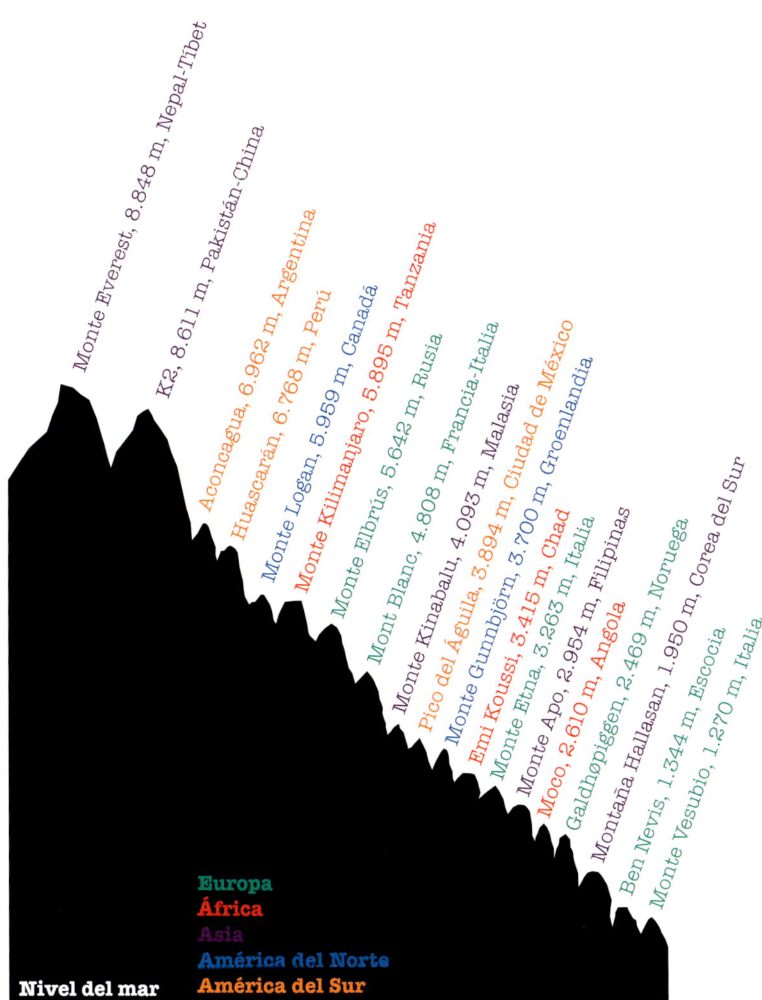

Monte Everest, 8.848 m, Nepal-Tibet
K2, 8.611 m, Pakistán-China
Aconcagua, 6.962 m, Argentina
Huascarán, 6.768 m, Perú
Monte Logan, 5.959 m, Canadá
Monte Kilimanjaro, 5.895 m, Tanzania
Monte Elbrús, 5.642 m, Rusia
Mont Blanc, 4.808 m, Francia-Italia
Monte Kinabalu, 4.093 m, Malasia
Pico del Águila, 3.894 m, Ciudad de México
Monte Gunnbjörn, 3.700 m, Groenlandia
Emi Koussi, 3.415 m, Chad
Monte Etna, 3.263 m, Italia
Monte Apo, 2.954 m, Filipinas
Moco, 2.610 m, Angola
Galdhøpiggen, 2.469 m, Noruega
Montaña Hallasan, 1.950 m, Corea del Sur
Ben Nevis, 1.344 m, Escocia
Monte Vesubio, 1.270 m, Italia
Europa
África
Asia
América del Norte
América del Sur
Nivel del mar

Rascacielos

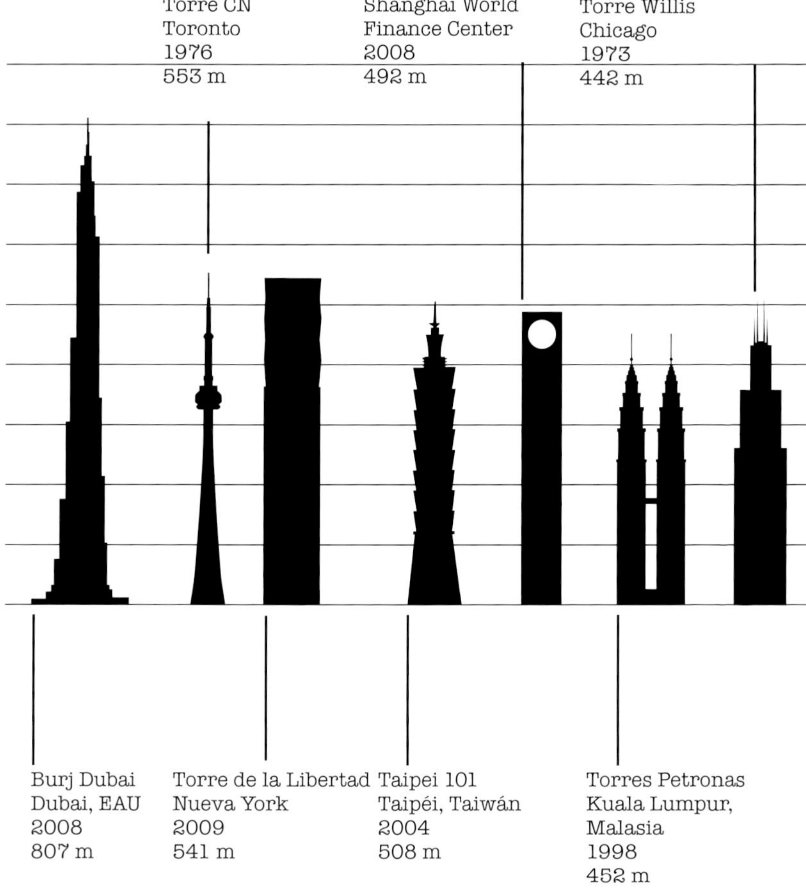

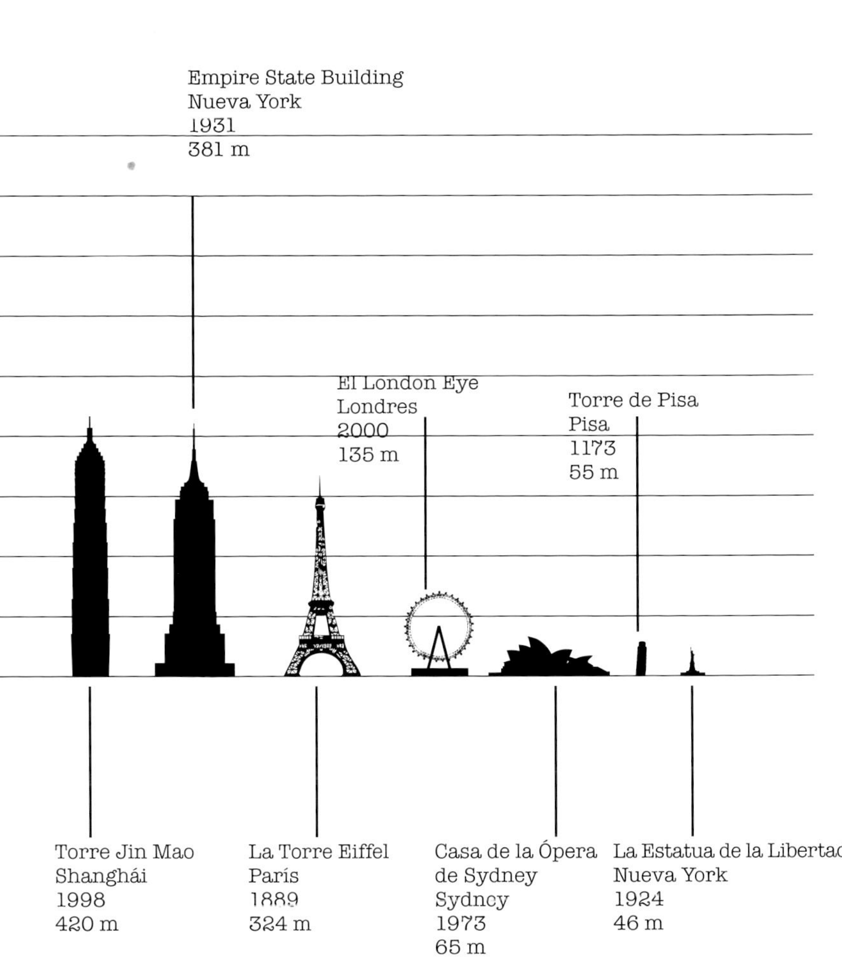

Empire State Building
Nueva York
1931
381 m

El London Eye
Londres
2000
135 m

Torre de Pisa
Pisa
1173
55 m

Torre Jin Mao
Shanghái
1998
420 m

La Torre Eiffel
París
1889
324 m

Casa de la Ópera
de Sydney
Sydncy
1973
65 m

La Estatua de la Libertad
Nueva York
1924
46 m

Arquitectura Gótica

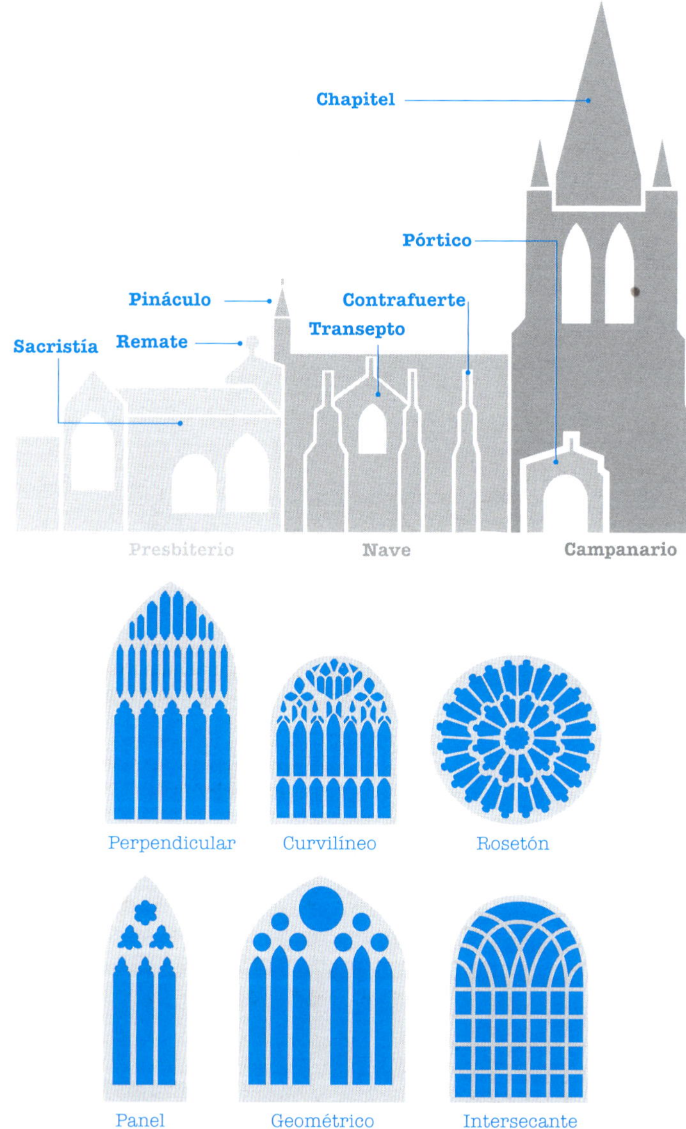

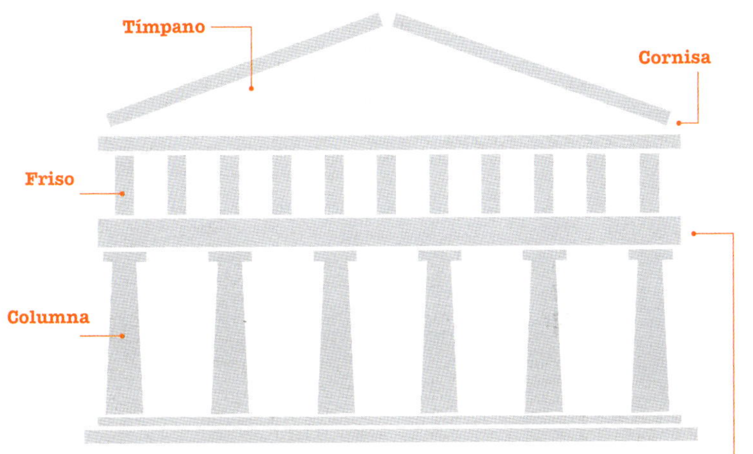

Tímpano
Cornisa
Friso
Columna
Arquitrabe

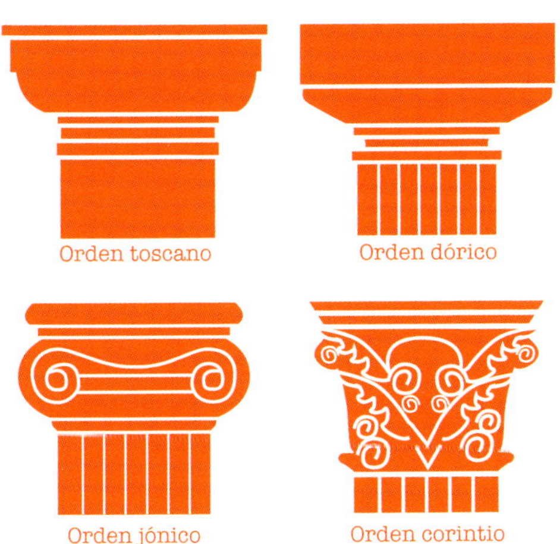

Orden toscano
Orden dórico
Orden jónico
Orden corintio

.... **Rey del cielo**

.... **Diosa del matrimonio**

.... **Dios del mar**

.... **Dios de los muertos**

.... **Dios del sol**

.... **Dios del vino**

.... **Diosa de los cereales y la cosecha**

.... **Dios del amor**

.... **Diosa de la caza**

.... **Dios de la guerra**

.... **Mensajero**

.... **Diosa de la ciudad**

.... **Dios de la agricultura**

.... **Diosa del amor y la belleza**

.... **Diosa del hogar**

.... **Dios del fuego y la forja**

.... **Madre tierra**

.... **Dios del cielo**

.... **Dios de la medicina**

.... **Dios del sueño**

.... **Diosa de la victoria**

Teorema de Pitágoras

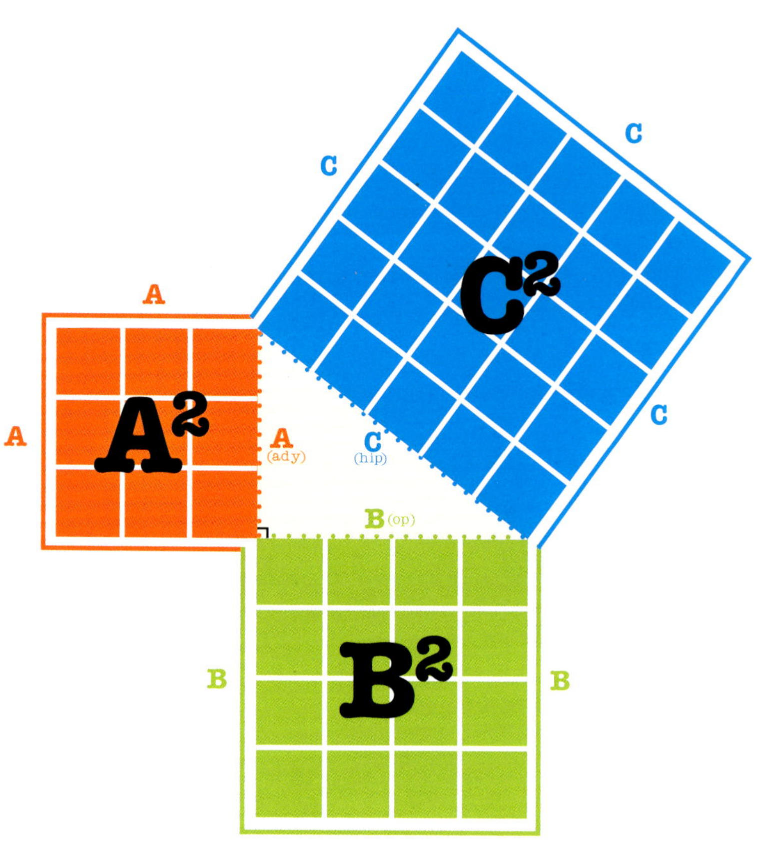

$$A^2 + B^2 = C^2$$

$$(C^2 - B^2 = A^2) \quad (ady + op = hip)$$

$$(C^2 - A^2 = B^2)$$

Teoremas de la circunferencia

$$\pi: 3{,}141592\ldots$$
$$C = 2\,\pi \times R$$
$$D = 2R$$
$$\text{Área} = \pi \times R^2$$

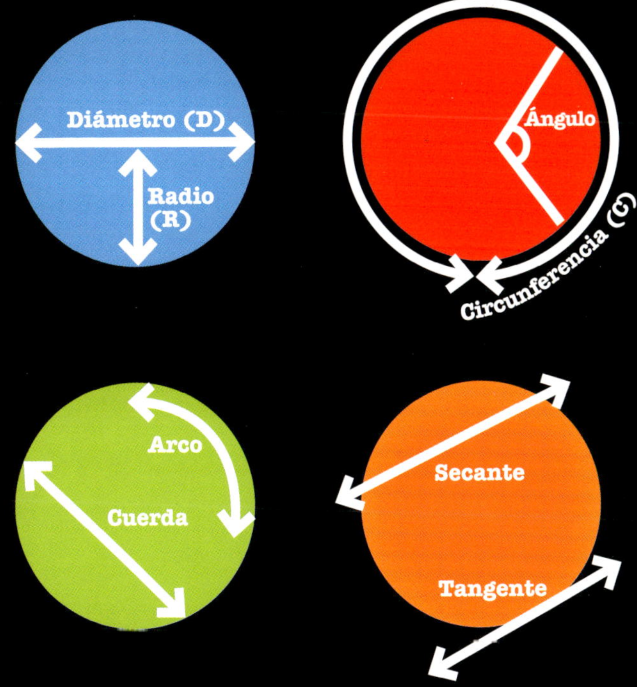

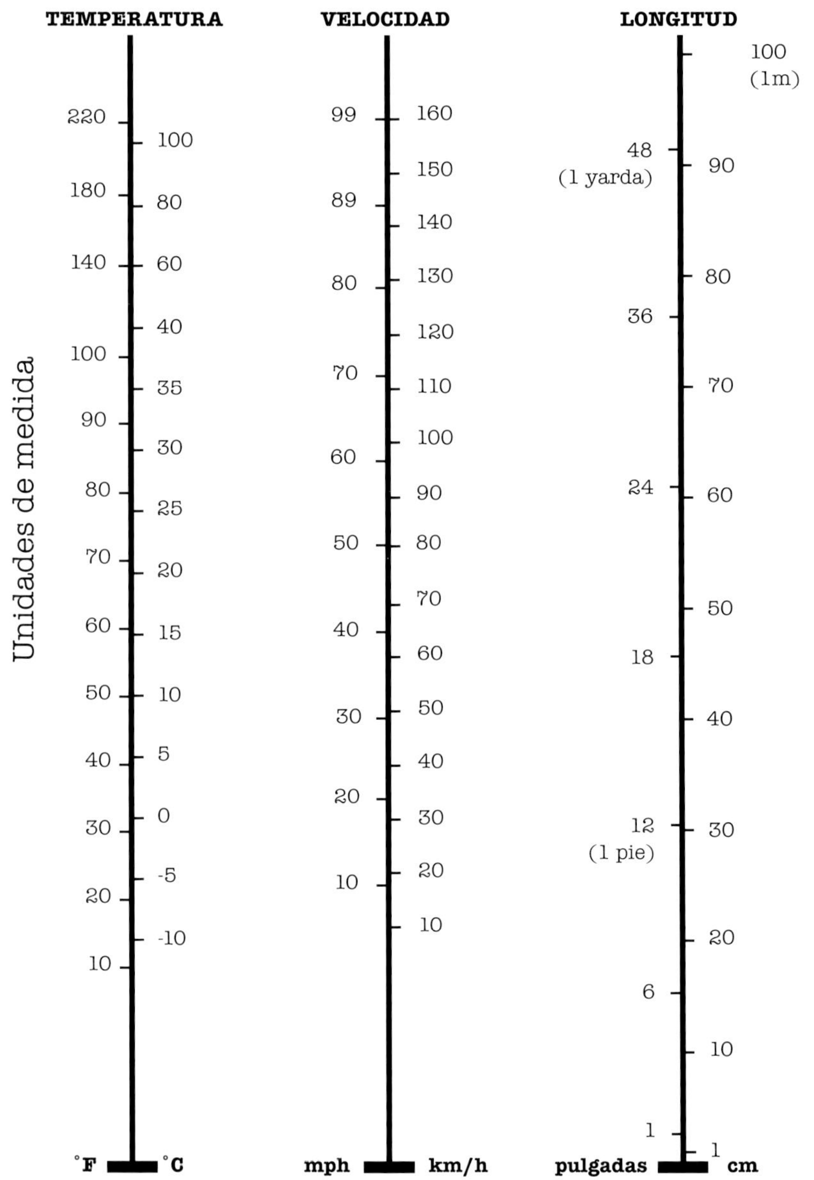
Unidades de medida
TEMPERATURA
VELOCIDAD
LONGITUD
220
180
140
100
90
80
70
60
50
40
30
20
10
°F
100
80
60
40
35
30
25
20
15
10
5
0
-5
-10
°C
99
89
80
70
60
50
40
30
20
10
mph
160
150
140
130
120
110
100
90
80
70
60
50
40
30
20
10
km/h
100
(1m)
48
(1 yarda)
36
24
18
12
(1 pie)
6
1
pulgadas
90
80
70
60
50
40
30
20
10
1
cm

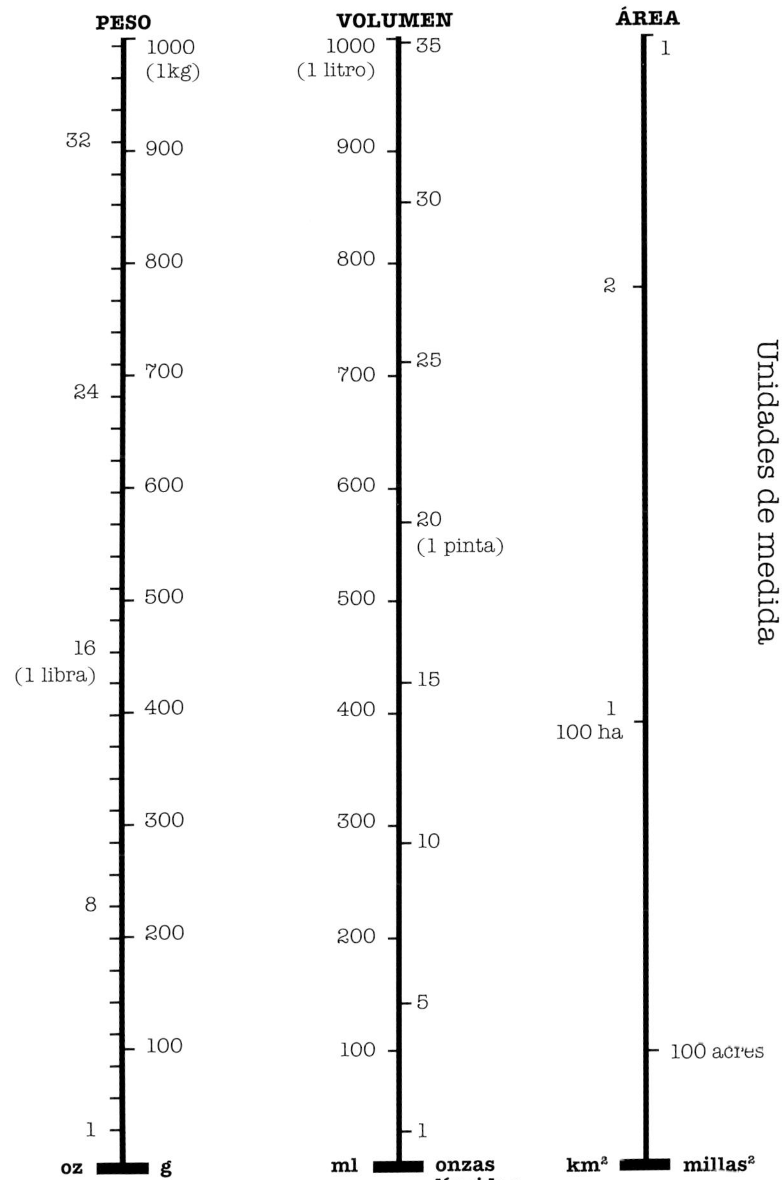

PESO
VOLUMEN
ÁREA
Unidades de medida
1000 (1kg)
32
900
800
24
700
600
500
16 (1 libra)
400
300
8
200
100
1
oz
g
1000 (1 litro)
35
900
30
800
25
700
20 (1 pinta)
600
500
15
400
300
10
200
5
100
1
ml
onzas líquidas
1
2
1 100 ha
100 acres
km²
millas²

Horas de vuelo

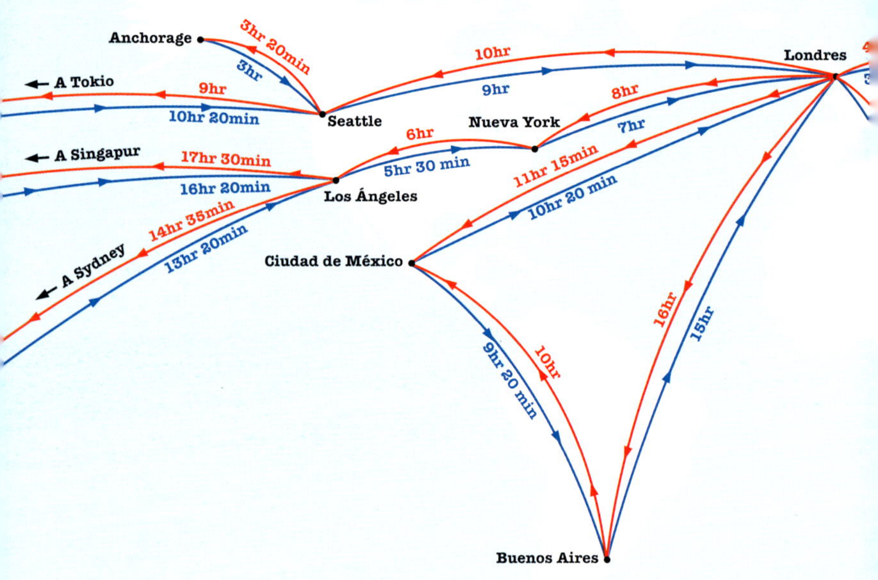

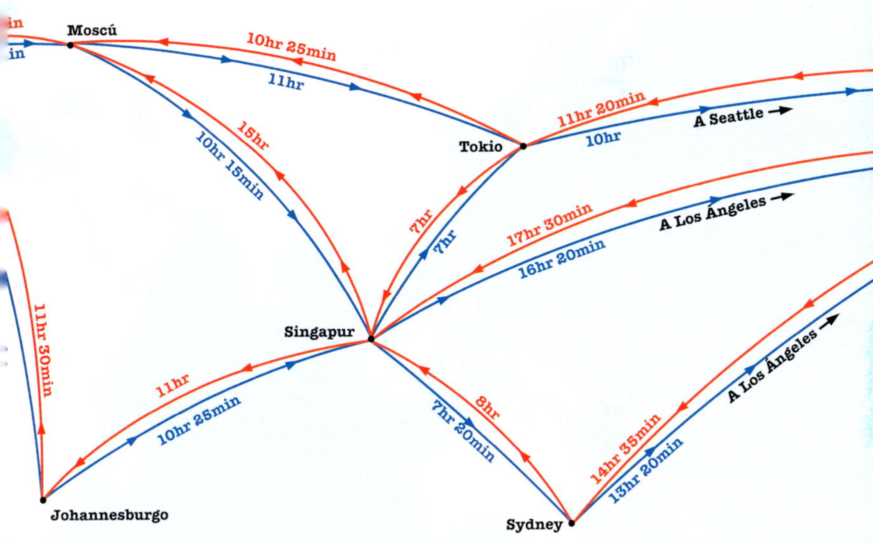
Moscú
10hr 25min
11hr
15hr
10hr 15min
Tokio
11hr 20min
10hr
A Seattle
7hr
7hr
17hr 30min
16hr 20min
A Los Ángeles
Singapur
11hr 30min
11hr
10hr 25min
8hr
7hr 20min
A Los Ángeles
14hr 35min
13hr 20min
Johannesburgo
Sydney

Husos horarios

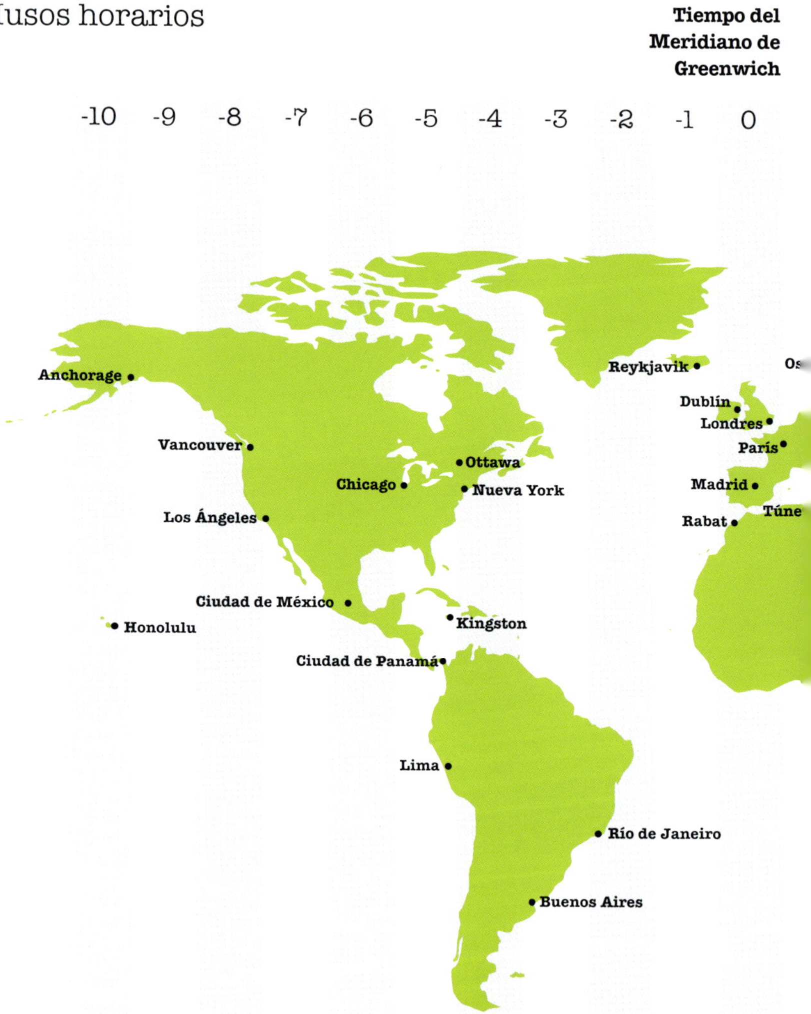

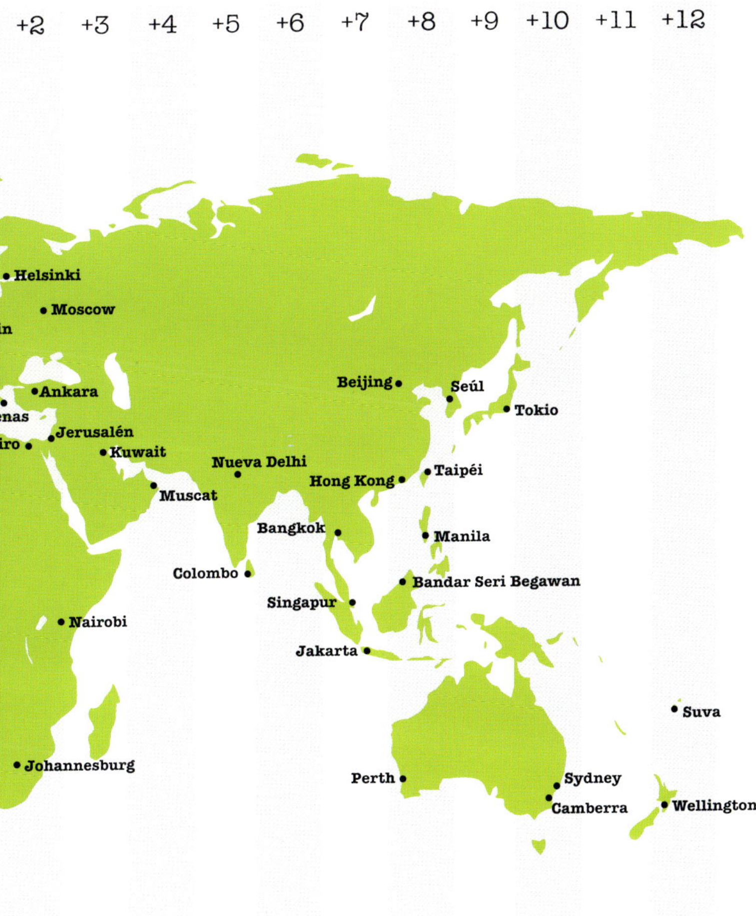

+2 +3 +4 +5 +6 +7 +8 +9 +10 +11 +12
Helsinki
Moscow
rlin
na
Ankara
tenas
Jerusalén
Cairo
Kuwait
Nueva Delhi
Beijing
Seúl
Tokio
Hong Kong
Taipéi
Muscat
Bangkok
Manila
Colombo
Bandar Seri Begawan
Singapur
Nairobi
Jakarta
Suva
Johannesburg
Perth
Sydney
Camberra
Wellington

Tablas de multiplicar

	1	2	3	4	5	6	7	8	9	10	11	12
1	1	2	3	4	5	6	7	8	9	10	11	12
2	2	4	6	8	10	12	14	16	18	20	22	24
3	3	6	9	12	15	18	21	24	27	30	33	36
4	4	8	12	16	20	24	28	32	36	40	44	48
5	5	10	15	20	25	30	35	40	45	50	55	60
6	6	12	18	24	30	36	42	48	54	60	66	72
7	7	14	21	28	35	42	49	56	63	70	77	84
8	8	16	24	32	40	48	56	64	72	80	88	96
9	9	18	27	36	45	54	63	72	81	90	99	108
10	10	20	30	40	50	60	70	80	90	100	110	120
11	11	22	33	44	55	66	77	88	99	110	121	132
12	12	24	36	48	60	72	84	96	108	120	132	144

Números cuadrados

Disposición formal de la mesa

PLATO DEL PAN

cuchillo para untar

Copa de agua
Copa de vino tinto
Copa de vino blanco
Copa de champagne

Tenedor del postre
Cuchara del postre

Tenedor de ensalada
Tenedor de plato principal
Tenedor de pescado

PLATO PLAYO

servilleta

Cuchillo de plato principal
Pala de pescado
Cuchillo de aperitivo o ensalada
Cuchara sopera

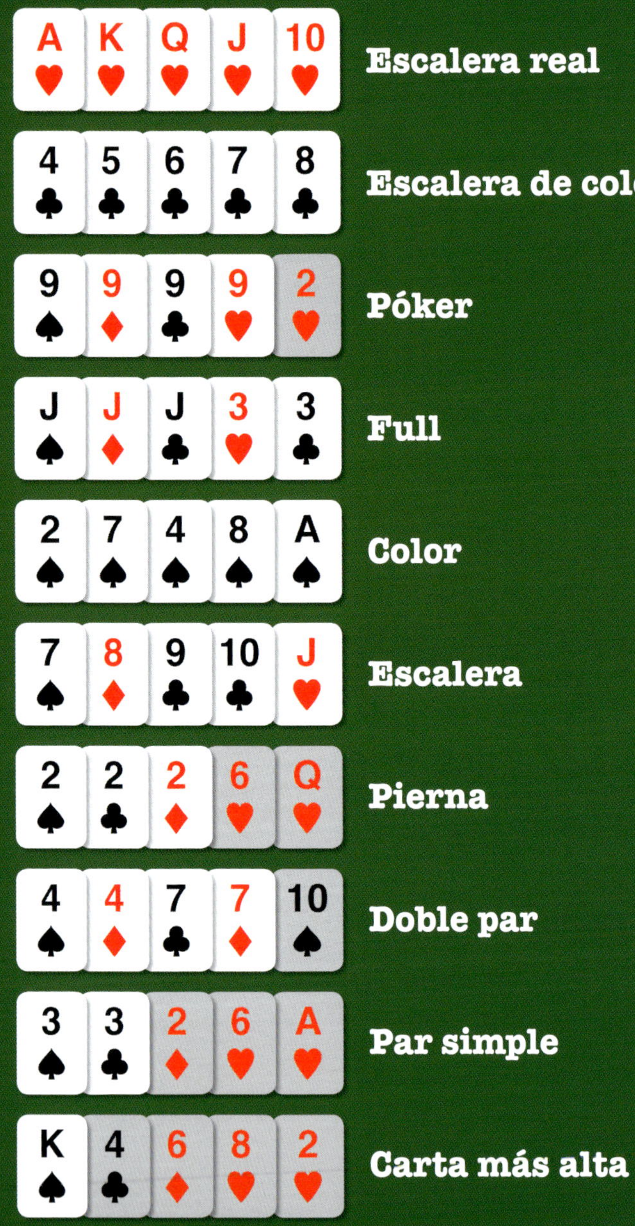

Manos de Póker
Escalera real
Escalera de color
Póker
Full
Color
Escalera
Pierna
Doble par
Par simple
Carta más alta

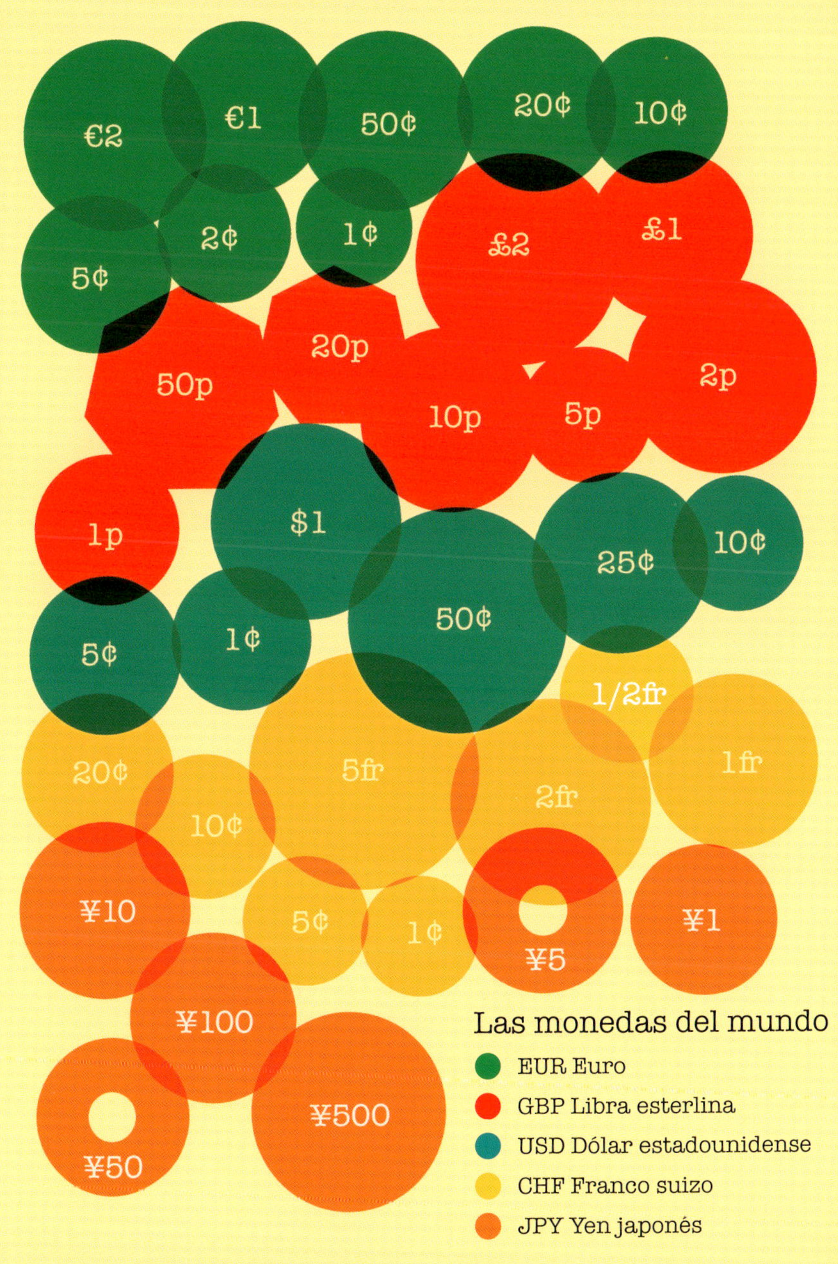

€2
€1
50¢
20¢
10¢
2¢
1¢
£2
£1
5¢
50p
20p
10p
5p
2p
1p
$1
25¢
10¢
5¢
1¢
50¢
1/2fr
20¢
5fr
2fr
1fr
10¢
5¢
1¢
¥5
¥1
¥10
¥100
¥500
¥50
Las monedas del mundo
EUR Euro
GBP Libra esterlina
USD Dólar estadounidense
CHF Franco suizo
JPY Yen japonés

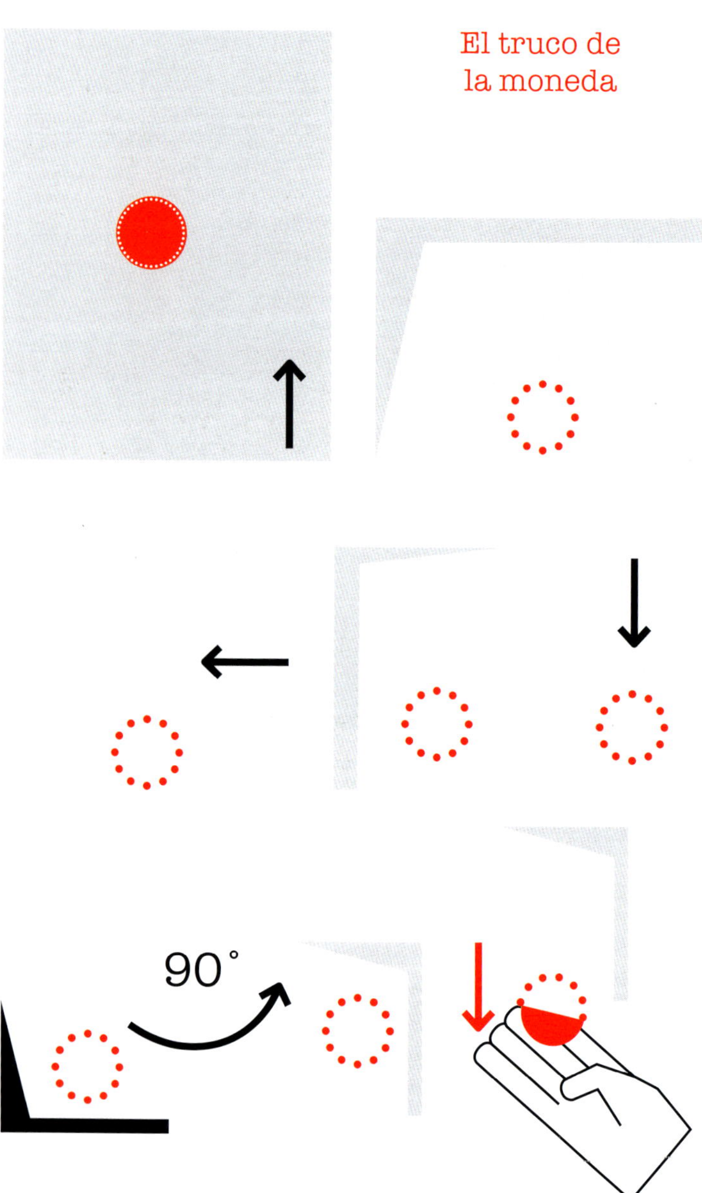
El truco de
la moneda
90°

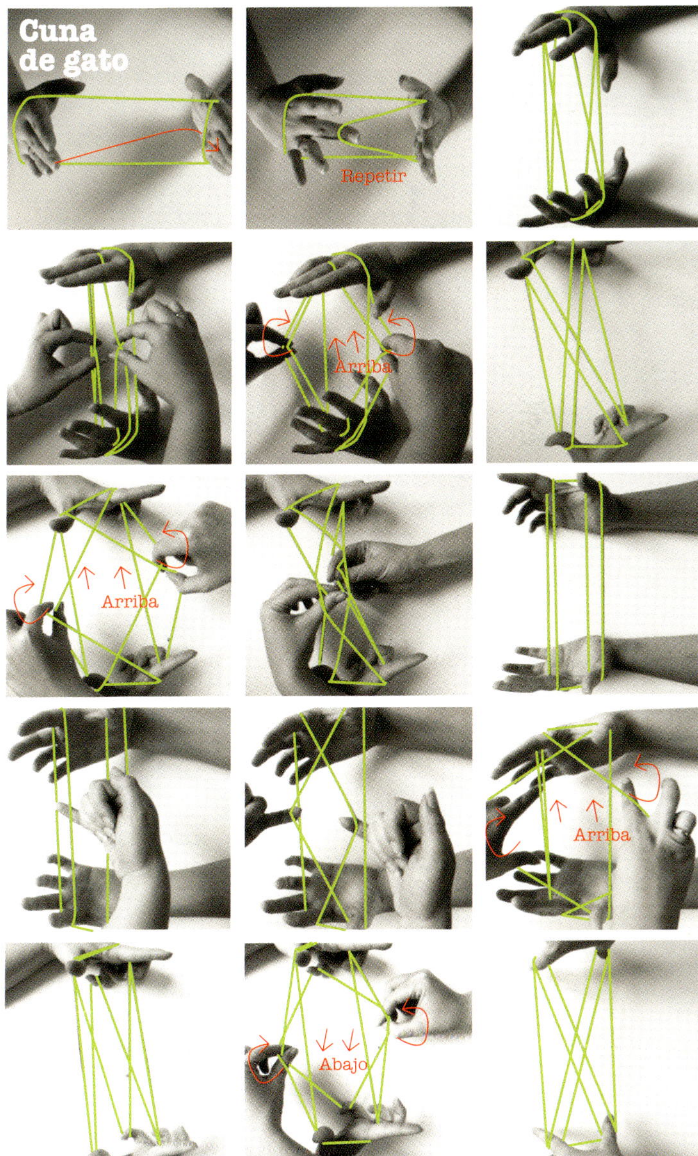

Cuna
de gato
Repetir
Arriba
Arriba
Arriba
Abajo

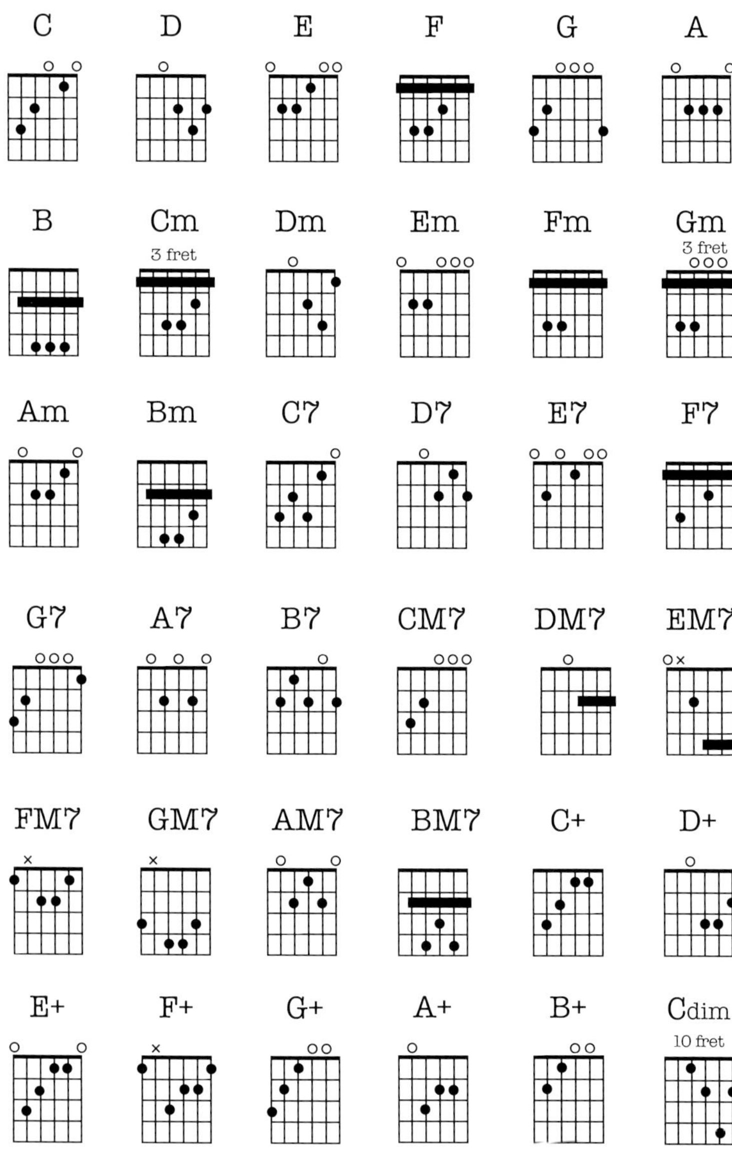

C
D
E
F
G
A
B
Cm
3 fret
Dm
Em
Fm
Gm
3 fret
Am
Bm
C7
D7
E7
F7
G7
A7
B7
CM7
DM7
EM7
FM7
GM7
AM7
BM7
C+
D+
E+
F+
G+
A+
B+
Cdim
10 fret

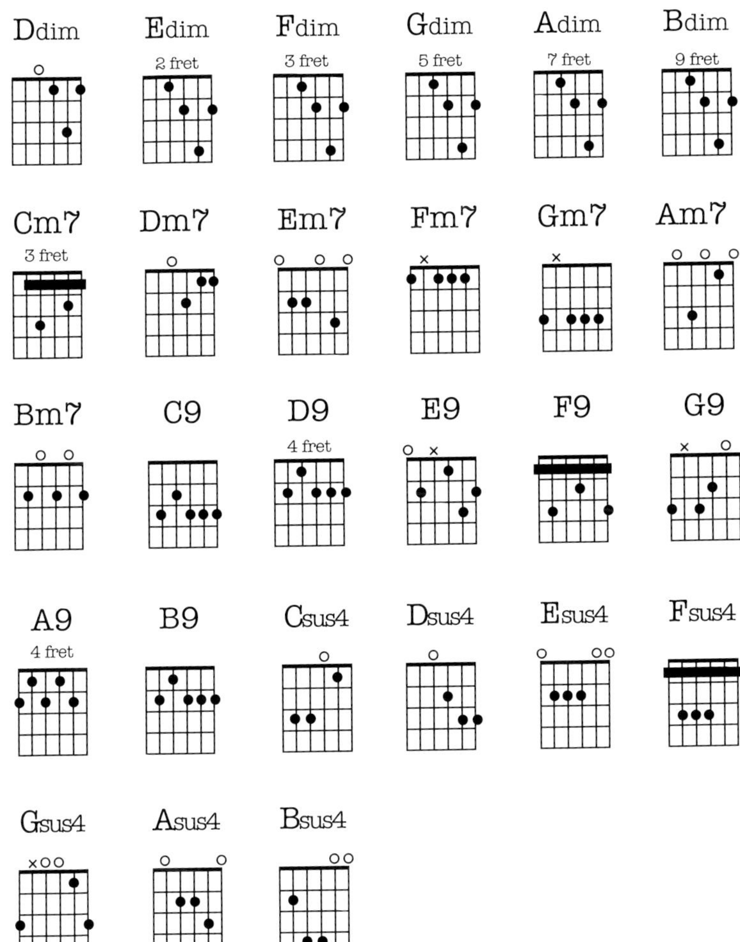

Acordes de guitarra
(cifrado americano)

Acordes de piano

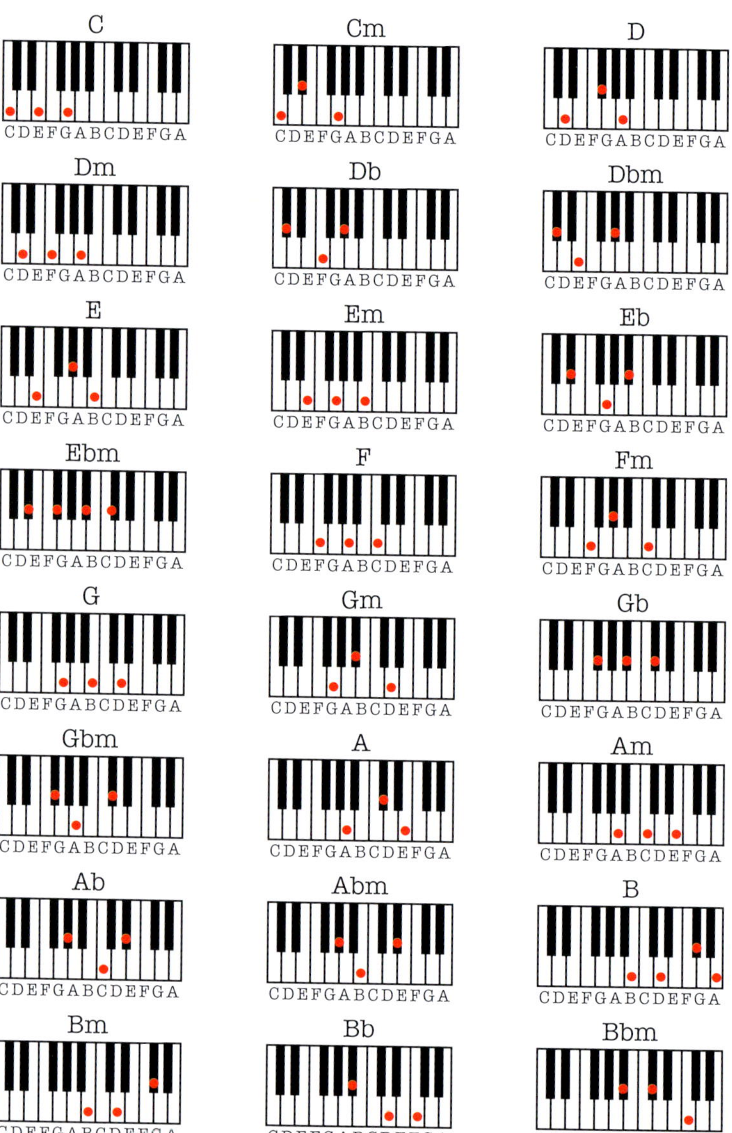

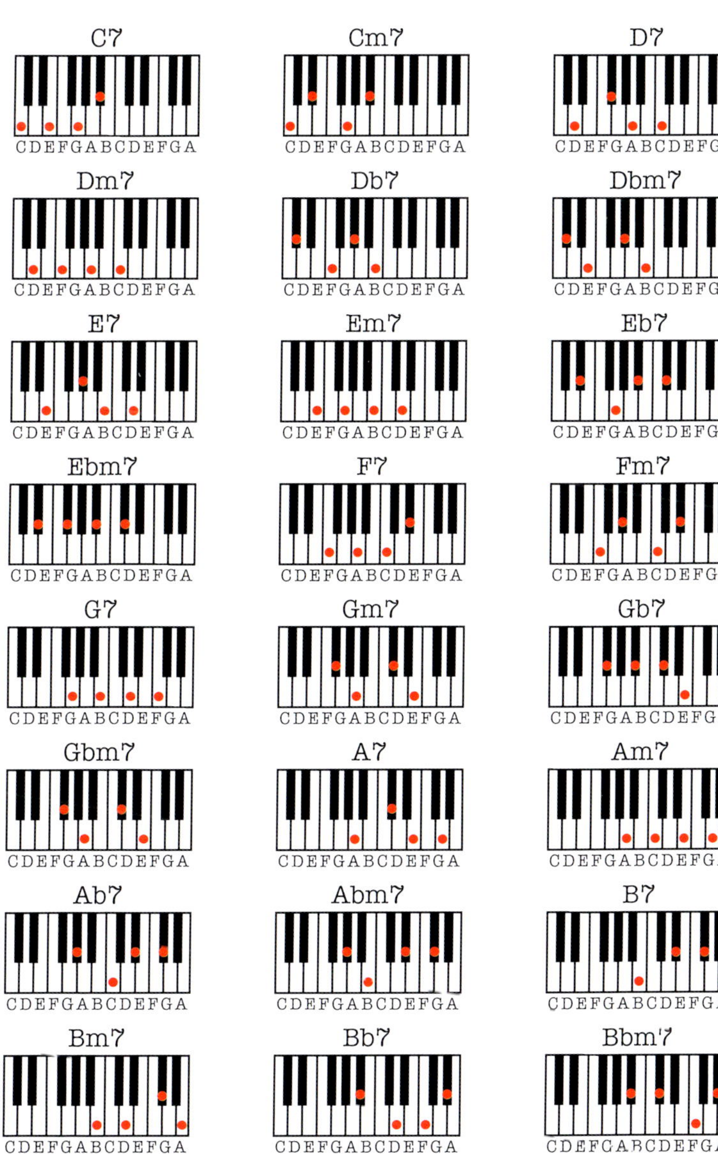

C7
CDEFGABCDEFGA
Cm7
CDEFGABCDEFGA
D7
CDEFGABCDEFGA
Dm7
CDEFGABCDEFGA
Db7
CDEFGABCDEFGA
Dbm7
CDEFGABCDEFGA
E7
CDEFGABCDEFGA
Em7
CDEFGABCDEFGA
Eb7
CDEFGABCDEFGA
Ebm7
CDEFGABCDEFGA
F7
CDEFGABCDEFGA
Fm7
CDEFGABCDEFGA
G7
CDEFGABCDEFGA
Gm7
CDEFGABCDEFGA
Gb7
CDEFGABCDEFGA
Gbm7
CDEFGABCDEFGA
A7
CDEFGABCDEFGA
Am7
CDEFGABCDEFGA
Ab7
CDEFGABCDEFGA
Abm7
CDEFGABCDEFGA
B7
CDEFGABCDEFGA
Bm7
CDEFGABCDEFGA
Bb7
CDEFGABCDEFGA
Bbm7
CDEFGABCDEFGA

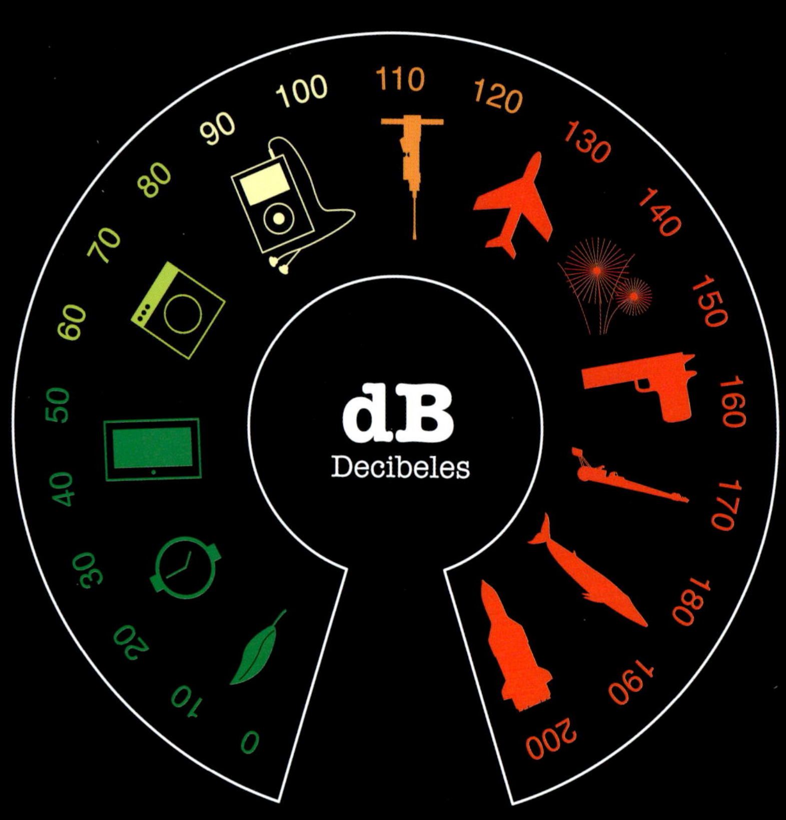

0
10
20
30
40
50
60
70
80
90
100
110
120
130
140
150
160
170
180
190
200
dB
Decibeles

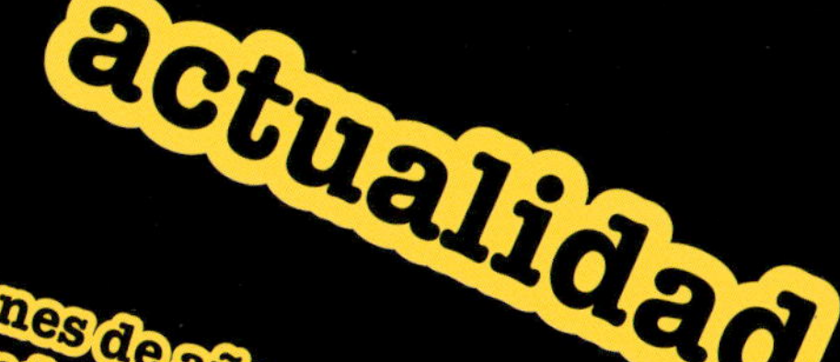

actualidad
de 15 mil millones de años: las galaxias se agrupan dando lugar a los planetas
de mil millones de años: los gases forman nubes, galaxias y estrellas
de 300.000 años: se forman los átomos. Se hace la luz.
de 3 minutos: protones y neutrones
al cabo de 1 segundo: electrones y quarks
Big Bang

Cantidad de energía por hora

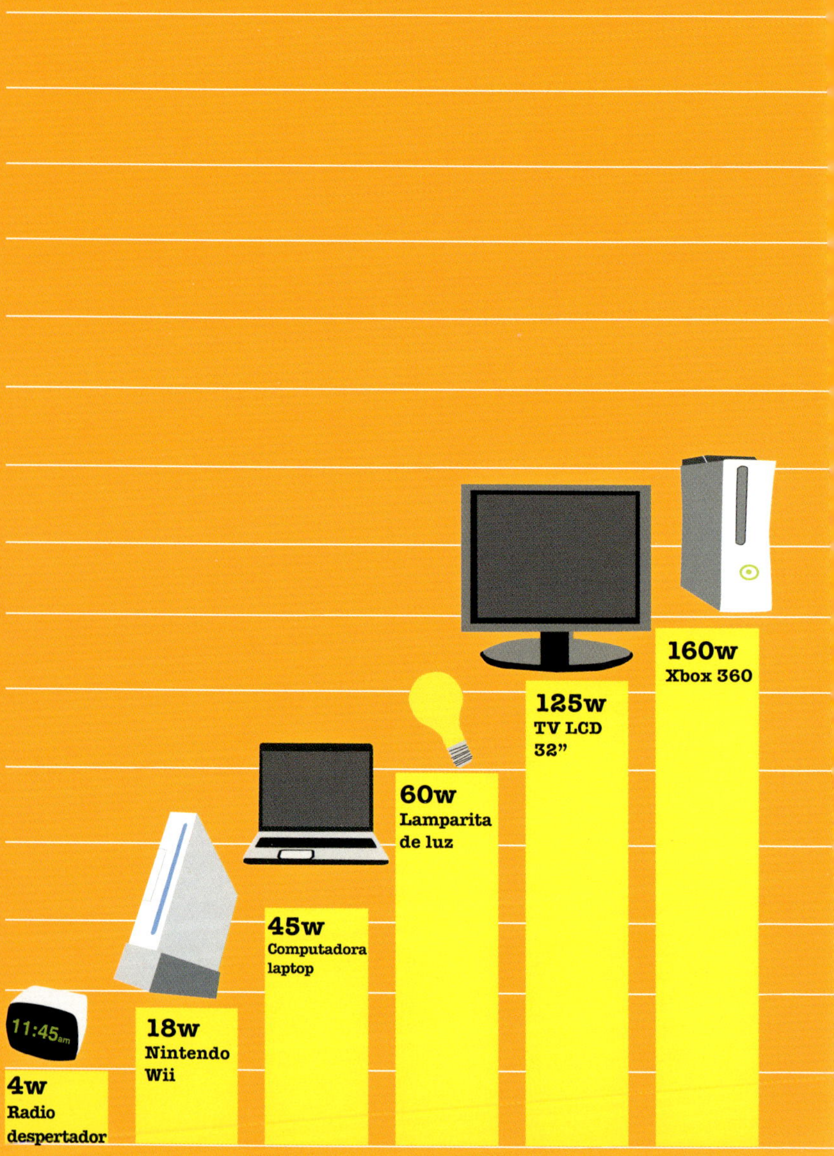

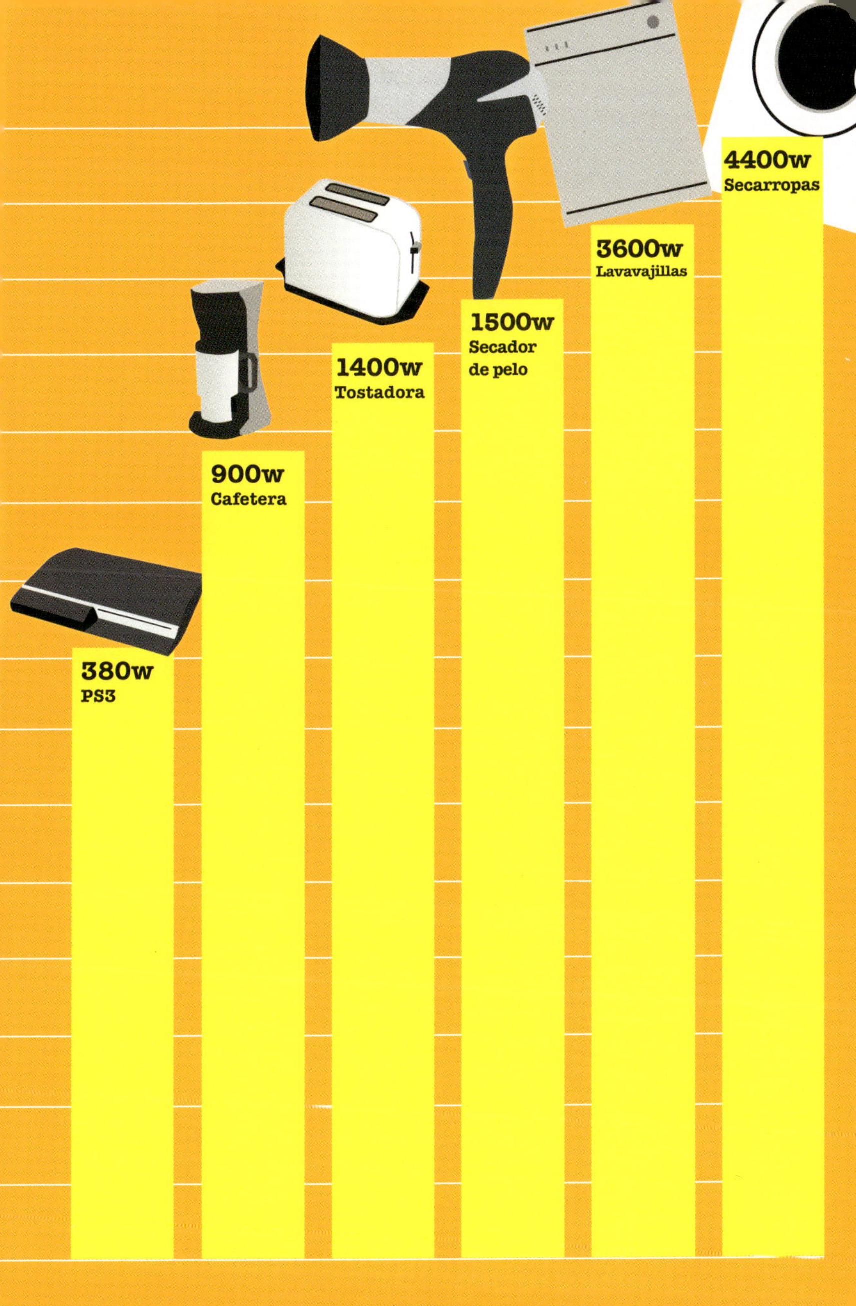
4400w
Secarropas
3600w
Lavavajillas
1500w
Secador
de pelo
1400w
Tostadora
900w
Cafetera
380w
PS3

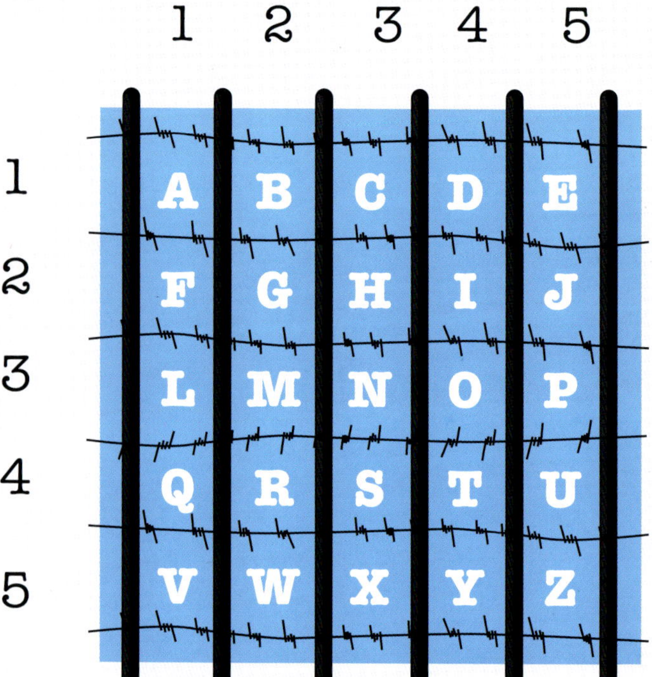

CÓDIGO DE GOLPES

1,3 3,4 1,4 2,4 2,2 3,4   1,4 1,5   2,2 3,4 3,1 3,5 1,5 4,3

Los prisioneros utilizan el código de golpes
para comunicarse unos con otros al golpear
los barrotes de metal o las paredes dentro
de la celda. Cada letra se produce golpeando
dos números: el primero corresponde a la
fila (horizontal) y el segundo a la columna
(vertical). La letra 'X' se utiliza para separar
oraciones, mientras que la letra 'K' se
reemplaza por la 'C'.

Código Morse

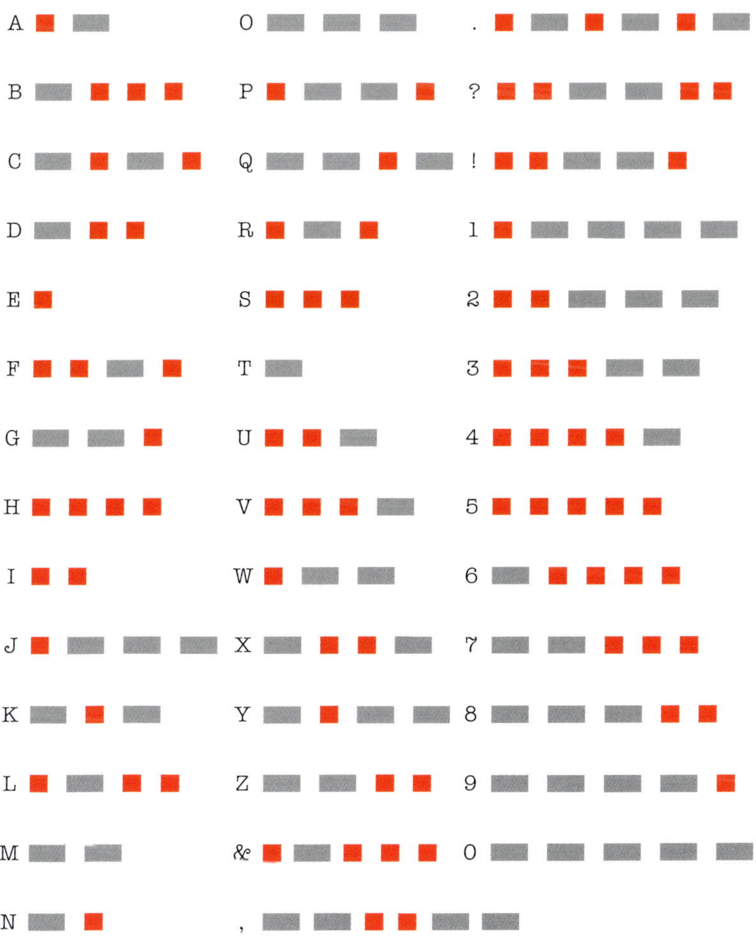

Señas d

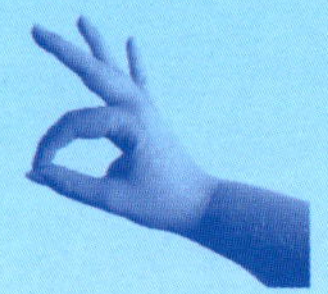

OK (pregunta y respuesta)

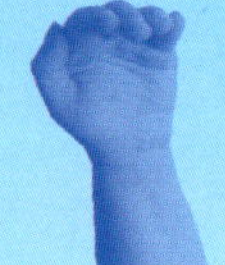

Vení

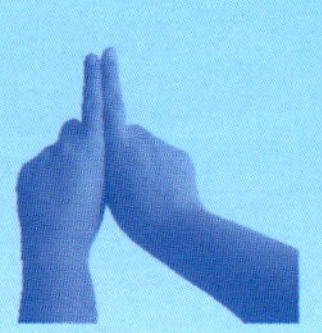

Juntos

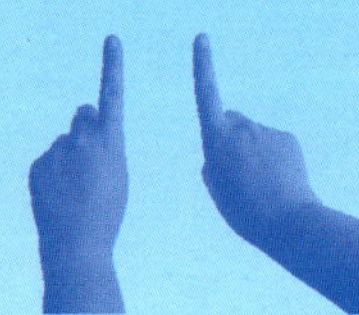

Separados

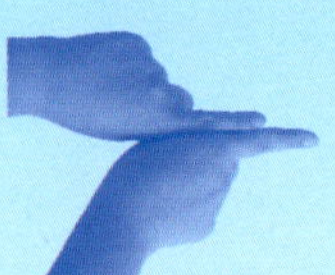

Vos adelante, yo atrás

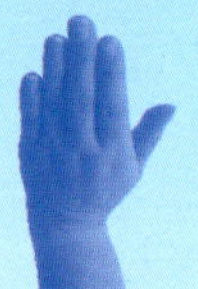

Alto

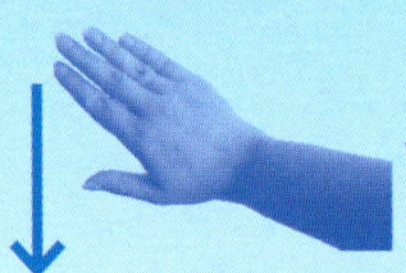

Más despacio

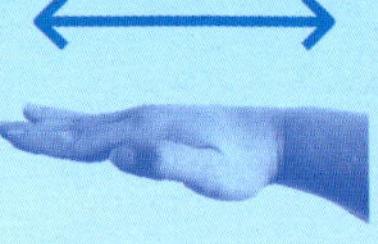

Mantener este nivel

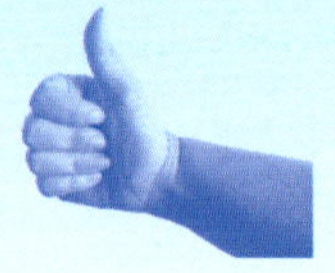

Ascender

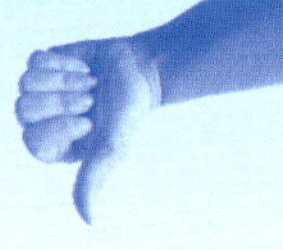

Descender

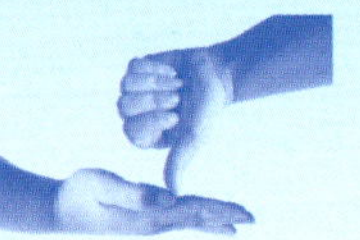

Descender a 10 m

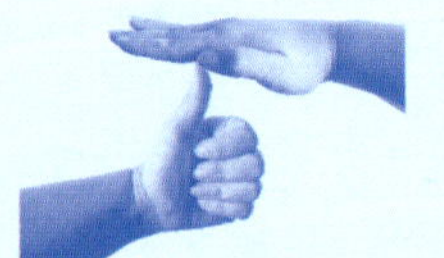

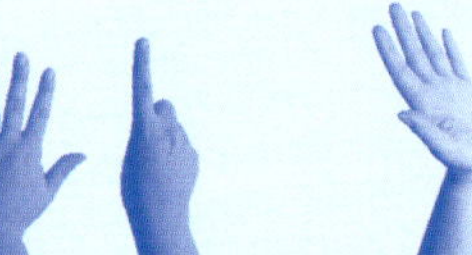

Ascender a 6 m

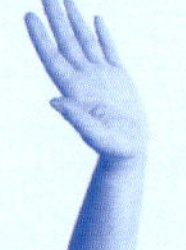

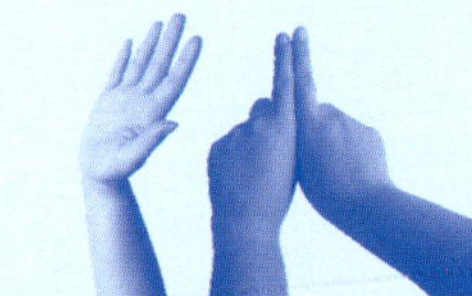

¿Dónde está tu compañero?

e buceo

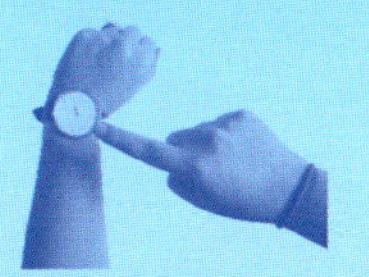

Tiempo

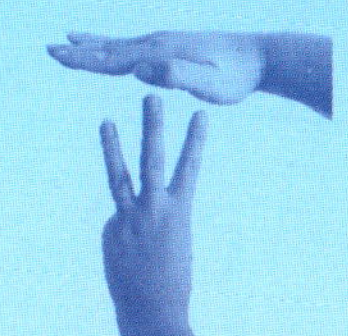

Pausa de 3 minutos

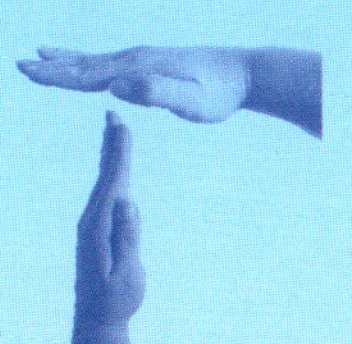

Bajo en aire

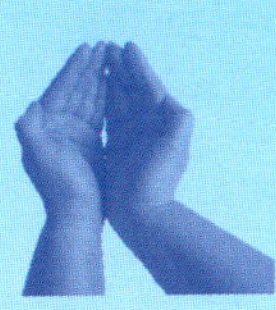

Barco

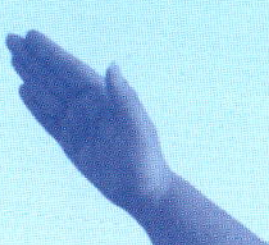

En esa dirección

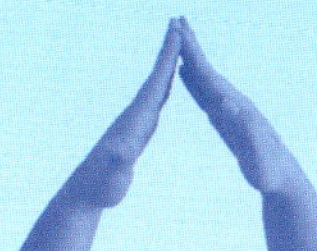

Casa

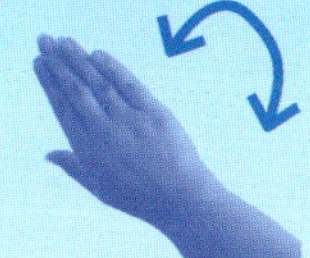

Algo no va bien

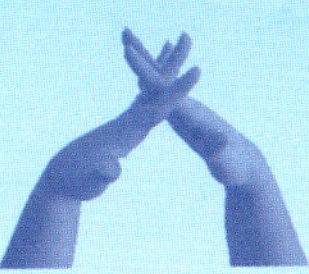

Pez león

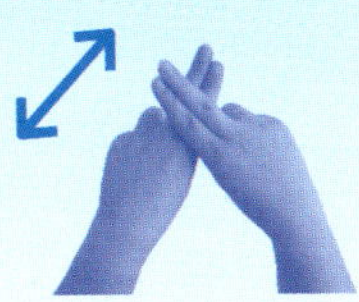

No tocar

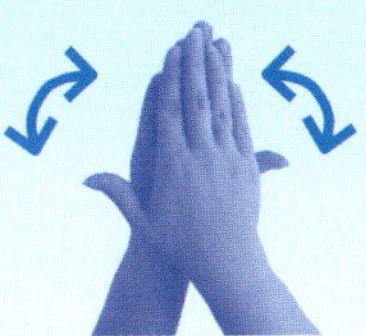

Tortuga

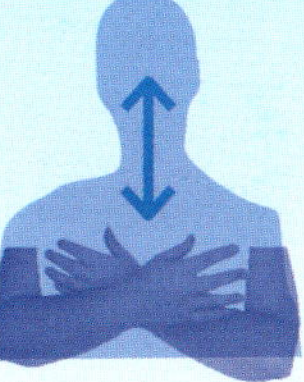

Tengo frío

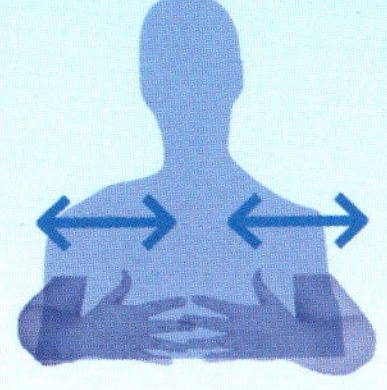

Estoy fatigado

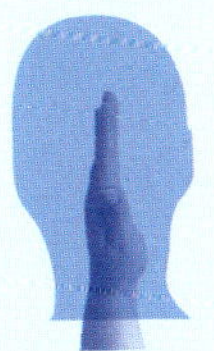

Tiburón

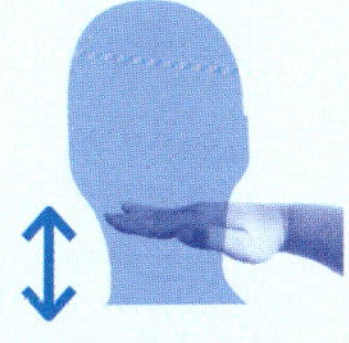

No tengo aire

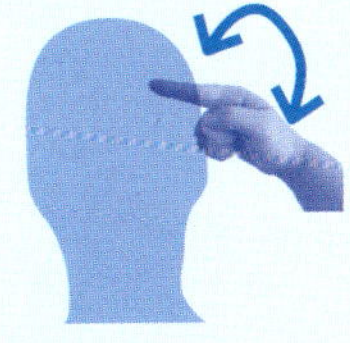

Síntomas de narcosis

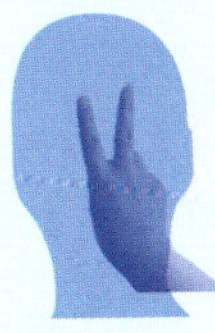

Mirá

Criptozoología (criaturas legendarias)

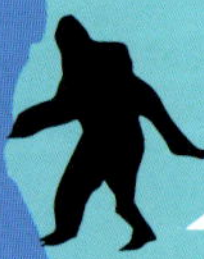

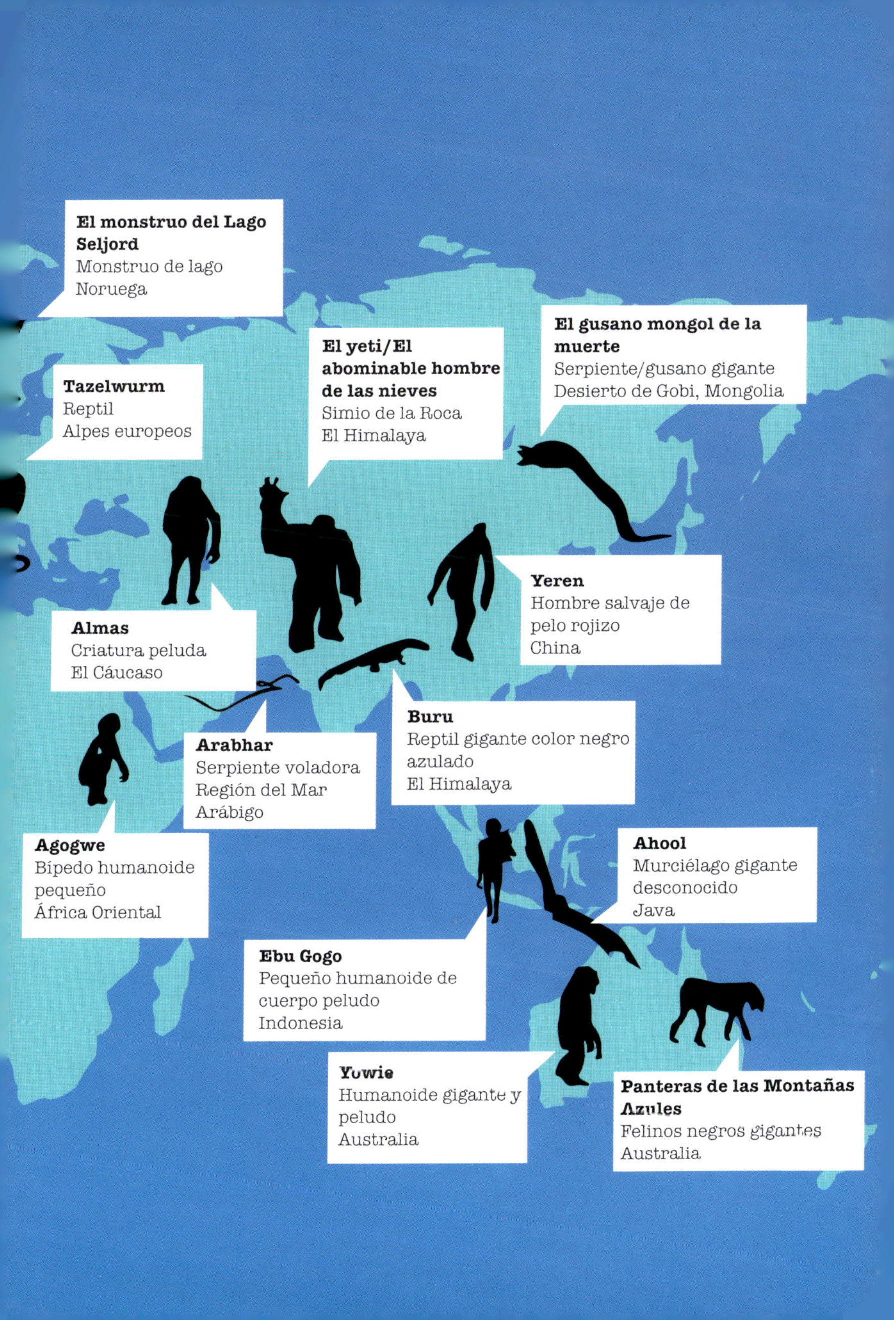

El monstruo del Lago Seljord
Monstruo de lago
Noruega

Tazelwurm
Reptil
Alpes europeos

El yeti/El abominable hombre de las nieves
Simio de la Roca
El Himalaya

El gusano mongol de la muerte
Serpiente/gusano gigante
Desierto de Gobi, Mongolia

Yeren
Hombre salvaje de pelo rojizo
China

Almas
Criatura peluda
El Cáucaso

Buru
Reptil gigante color negro azulado
El Himalaya

Arabhar
Serpiente voladora
Región del Mar Arábigo

Agogwe
Bípedo humanoide pequeño
África Oriental

Ahool
Murciélago gigante desconocido
Java

Ebu Gogo
Pequeño humanoide de cuerpo peludo
Indonesia

Yowie
Humanoide gigante y peludo
Australia

Panteras de las Montañas Azules
Felinos negros gigantes
Australia

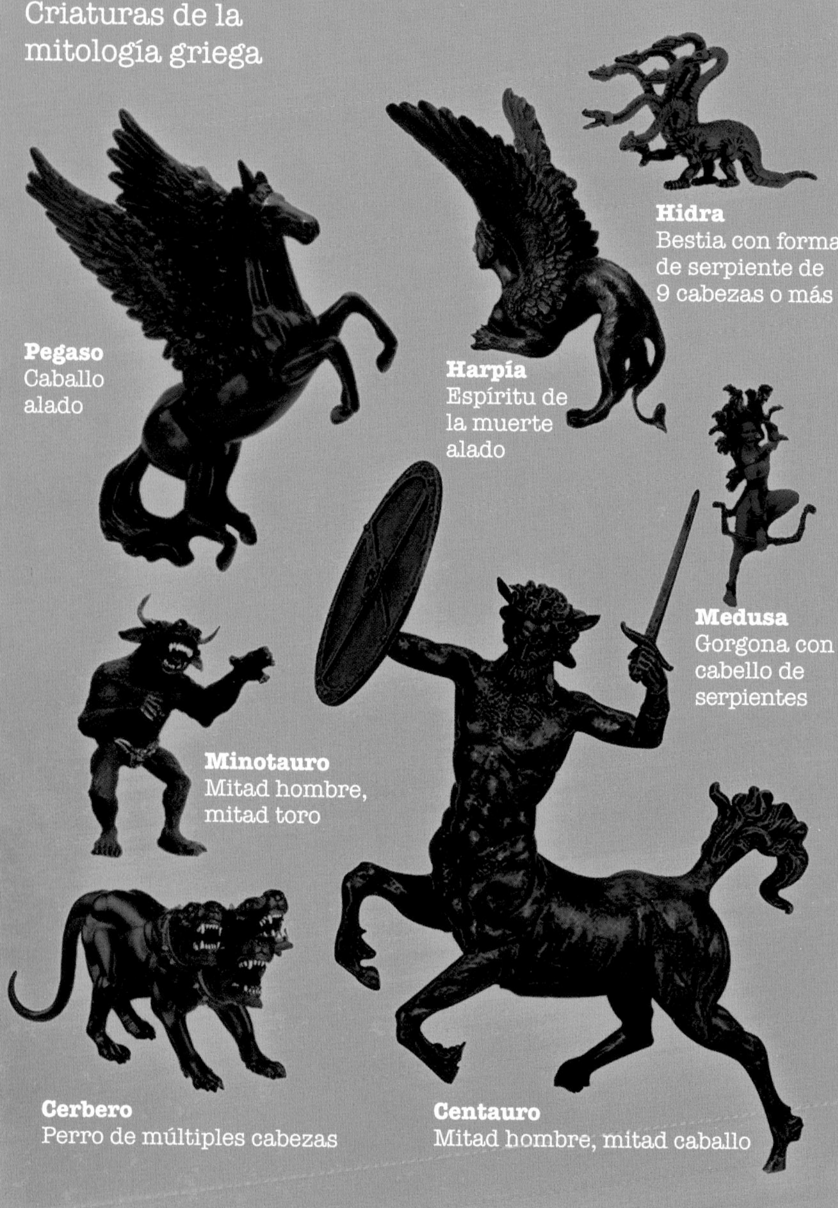
Criaturas de la mitología griega
Pegaso
Caballo alado
Harpía
Espíritu de la muerte alado
Hidra
Bestia con forma de serpiente de 9 cabezas o más
Medusa
Gorgona con cabello de serpientes
Minotauro
Mitad hombre, mitad toro
Cerbero
Perro de múltiples cabezas
Centauro
Mitad hombre, mitad caballo

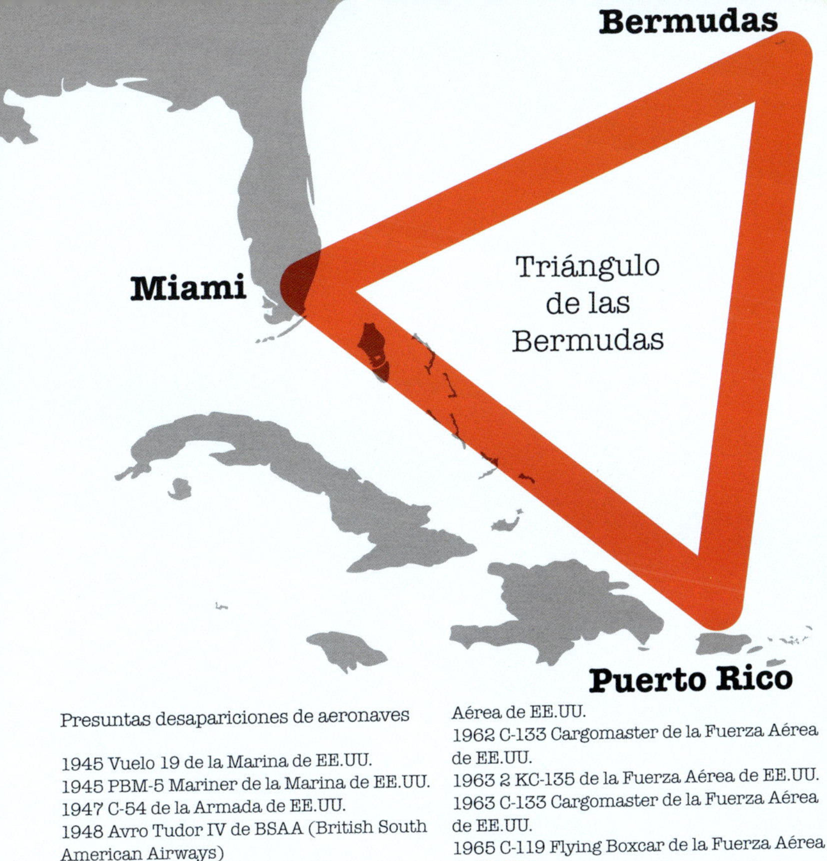

Presuntas desapariciones de aeronaves

1945 Vuelo 19 de la Marina de EE.UU.
1945 PBM-5 Mariner de la Marina de EE.UU.
1947 C-54 de la Armada de EE.UU.
1948 Avro Tudor IV de BSAA (British South American Airways)
1948 Douglas DC-3 NC16002
1950 F6F-5 Hellcat
1950 F9F-2 Panther
1950 Globemaster de la Fuerza Aérea de EE.UU.
1952 Avro York de BSAA
1952 C-46 Commando
1953 T2V SeaStar de la Marina de EE.UU.
1954 R7V-1 Super Constellation de la Marina de EE.UU.
1956 Hidroavión P5M Marlin de la Marina de EE.UU.
1959 Beechcraft Bonanza N4952B
1960 F-100 Super Sabre de la Fuerza Aérea de EE.UU.
1961 Bombardero SAC B-52 de la Fuerza Aérea de EE.UU.
1962 Avión cisterna KB-50 de la Fuerza Aérea de EE.UU.
1962 C-133 Cargomaster de la Fuerza Aérea de EE.UU.
1963 2 KC-135 de la Fuerza Aérea de EE.UU.
1963 C-133 Cargomaster de la Fuerza Aérea de EE.UU.
1965 C-119 Flying Boxcar de la Fuerza Aérea de EE.UU.
1966 B-52 Mitchell de dueños privados
1969 Cessna 172
1971 F-4 Phantom II Sting 27 de la Fuerza Aérea de EE.UU.
1973 Ryan Navion
1974 Piper Cherokee
1978 KA-6D Fighting Tiger 524 de la Fuerza Aérea de EE.UU.
1978 Douglas DC-3 de Argosy Airlines
1978 Vuelo 912 do Caribbean Airways
1980 Beechcraft Baron N9027Q
1980 ERCO Ercoupe N3808H
1981 Beechcraft Bonanza N5805C
1986 Piper Cherokee N3527E
2003 Piper PA-323-300 N8224C
2005 Piper PA-23 N6886Y
2007 Piper PA-46-310P N444JH

Podio de apellidos

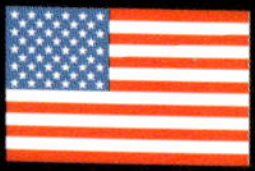

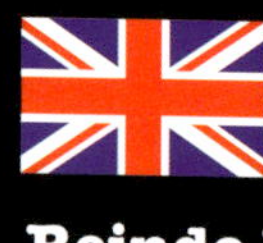

EE.UU.

	EE.UU.
01	Smith
02	Johnson
03	Williams
04	Jones
05	Brown
06	Davis
07	Miller
08	Wilson
09	Moore
10	Taylor

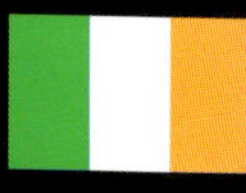

Reindo Unido

	Reindo Unido
01	Smith
02	Jones
03	Williams
04	Brown
05	Taylor
06	Davis
07	Evans
08	Wilson
09	Thomas
10	Johnson

Irlanda

	Irlanda
01	Murphy
02	Kelly
03	O'Sullivan
04	Walsh
05	Smith
06	O'Brien
07	Byrne
08	Ryan
09	O'Connor
10	O'Neill

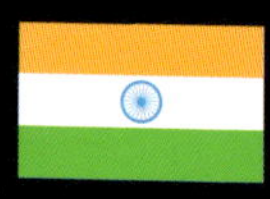

India

	India
01	Patel
02	Shah
03	Kapoor
04	Khan
05	Mehra
06	Khanna
07	Arora
08	Ahmed
09	Kaur
10	Qureshi

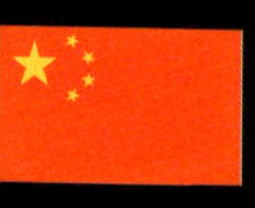

China

	China
01	Wáng
02	Lǐ
03	Zhāng
04	Liú
05	Chén
06	Yáng
07	Huáng
08	Zhào
09	Zhōu
10	Wú

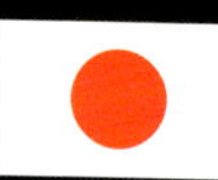

Japón

	Japón
01	Sato
02	Suzuki
03	Takahashi
04	Tanaka
05	Watanabe
06	Itou
07	Yamamoto
08	Nakamura
09	Kobayashi
10	Saitou

Alemania	Francia	Suecia	
Müller	Martin	Johansson	01
Schmidt	Bernard	Andersson	02
Schneider	Dubois	Karlsson	03
Fischer	Thomas	Nilsson	04
Meyer	Robert	Eriksson	05
Weber	Richard	Larsson	06
Schulz	Petit	Olsson	07
Wagner	Durand	Persson	08
Becker	Leroy	Svensson	09
Hoffmann	Moreau	Gustafsson	10

Italia	España	Argentina	
Rossi	García	Fernández	01
Russo	Fernández	Rodríguez	02
Ferrari	González	González	03
Esposito	Rodríguez	García	04
Bianchi	López	López	05
Romano	Martínez	Martínez	06
Colombo	Sánchez	Pérez	07
Ricci	Pérez	Álvarez	08
Marino	Martín	Gómez	09
Greco	Gómez	Sánchez	10

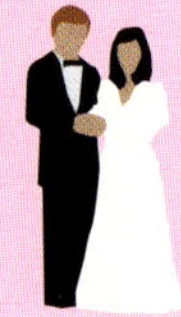

80 años Roble
70 años Platino
65 años Zafiro

60 años Diamante
50 años Oro
40 años Rubí

35 años Coral 30 años Perla
25 años Plata
20 años Porcelana 15 años Cristal
12 años Seda

10 años Lata 9 años Cobre
8 años Sal 7 años Lana 6 años Azúcar
5 años Madera 4 años Flores
3 años Cuero 2 años Papel
1 año Algodón

Español	Salud
Inglés	Cheers
Albanés	Gezuar
Árabe	Fisehatak
Alemán	Prost
Iraní	Vashi
Chino	Gan bei
Croata	Zivjeli
Danés	Skaal
Estonio	Tervist
Finés	Kippis
Francés	Santé
Hawaiano	Hipahipa
Indonesio	Pro
Italiano	Salute
Japonés	Kampai
Noruego	Skal
Portugués	Saúde
Swahili	Afya
Tailandés	Choc-tee
Vietnamita	Chia
Zulú	Oogy wawa

Copas y vasos

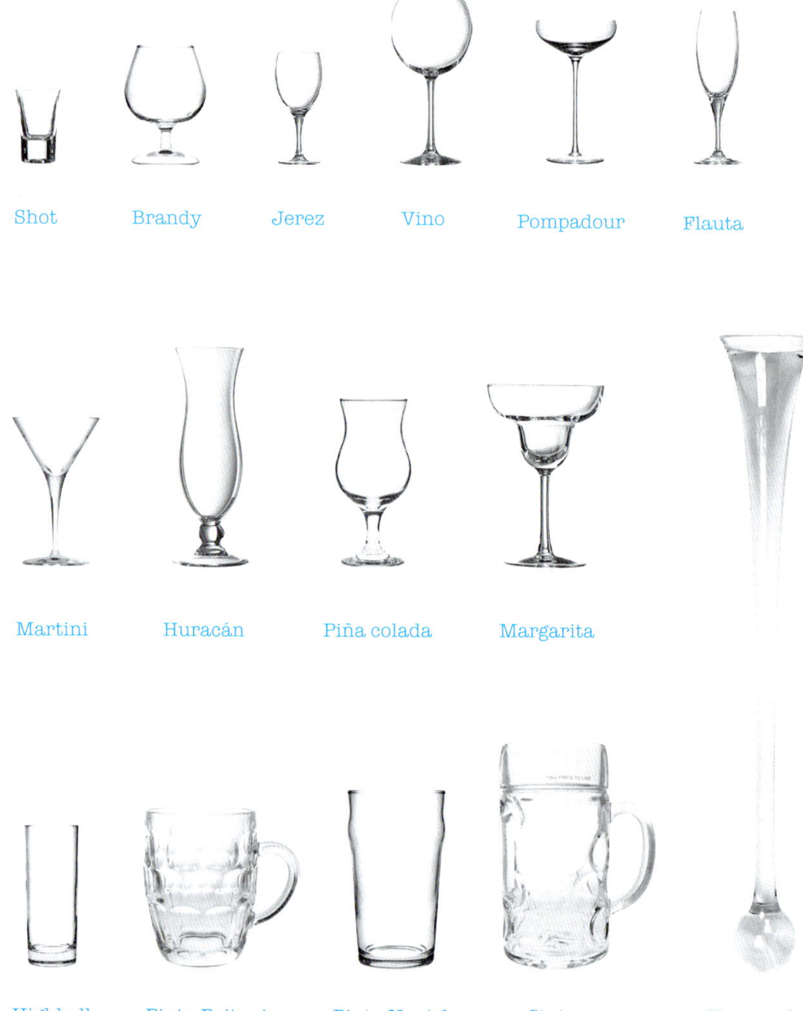

Contra la resaca

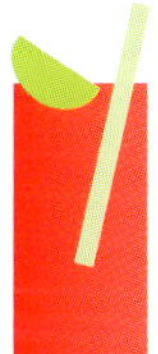

Bloody Mary
30 ml de vodka
150 ml de jugo de tomate
2 ml de jugo de limón
2 chorros de salsa
Worcestershire
2 gotitas de salsa Tabasco
1 tallo de apio
Un gajo de lima
Mezclar.

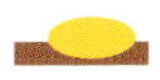

Prairie Oyster
1 huevo
1 chorro de salsa Worcestershire
Sal y pimienta negra
Poner el huevo dentro del vaso sin
romper la yema. Beber de un trago.

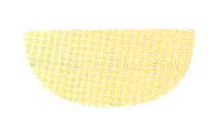

Pelo de perro
120 ml de whisky
60 ml de miel
60 ml de crema
Mezclar.

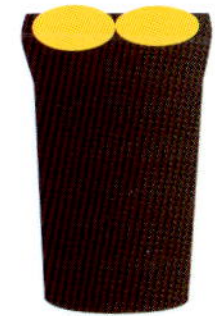

Irish Breakfast
1 café espresso
2 huevos
200 ml de cerveza negra
200 ml de leche
Mezclar, beber frío.

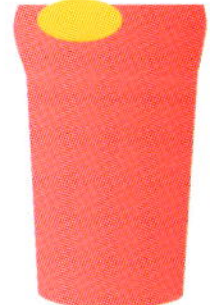

Bloody Beer
165 ml de cerveza
Un chorro de jugo de limón
5 chorros de salsa
Worcestershire
5 gotitas de salsa Tabasco
150 ml de jugo de tomate
1 huevo.

Vodka Freeze
50 ml de vodka
25 ml de jugo de naranja
25 ml de limonada
Hielo
Mezclar.

Cafés

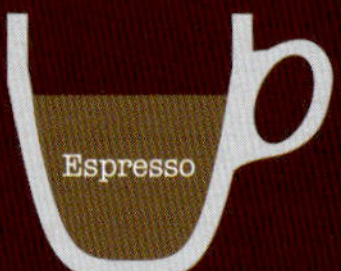

Espresso

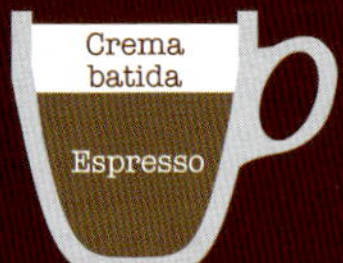

Café vienés

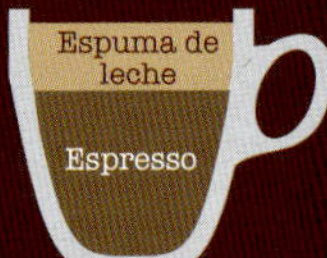

Macchiato

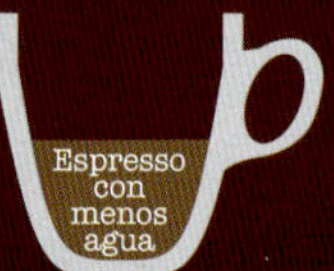

Ristretto

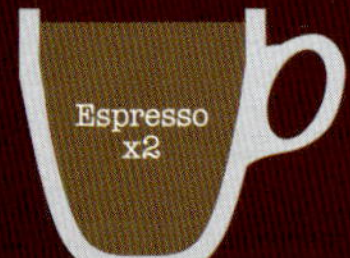

Doppio

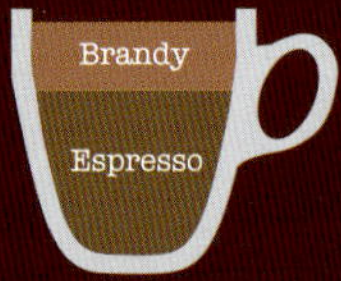

Carajillo

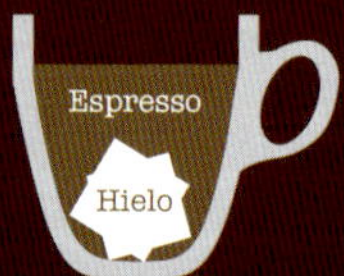

Con hielo

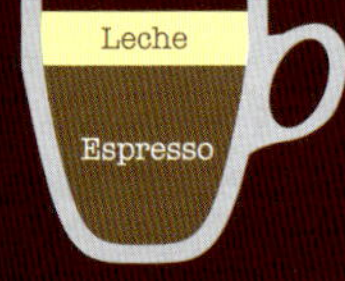

Cortado

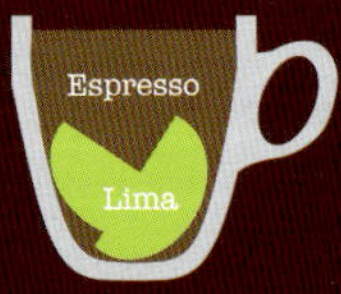

Guillermo

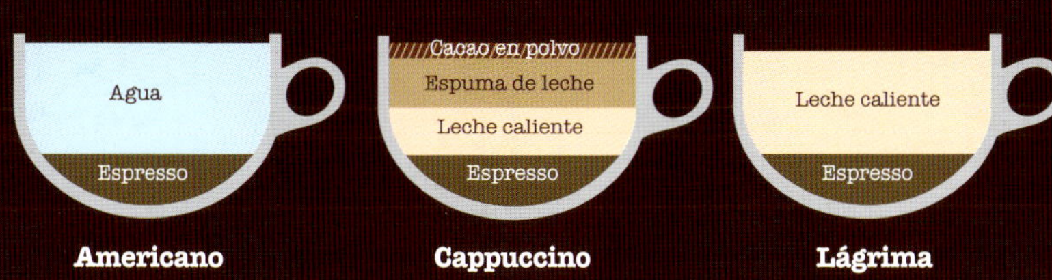

Agua
Espresso
Americano
Cacao en polvo
Espuma de leche
Leche caliente
Espresso
Cappuccino
Leche caliente
Espresso
Lágrima

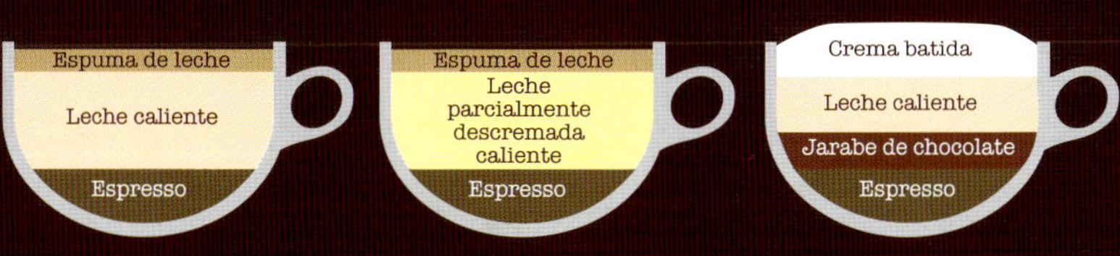

Espuma de leche
Leche caliente
Espresso
Latte
Espuma de leche
Leche parcialmente descremada caliente
Espresso
Breve
Crema batida
Leche caliente
Jarabe de chocolate
Espresso
Moca

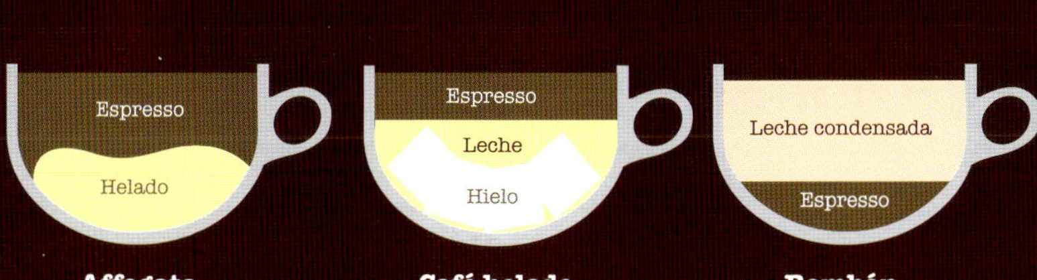

Espresso
Helado
Affogato
Espresso
Leche
Hielo
Café helado
Leche condensada
Espresso
Bombón

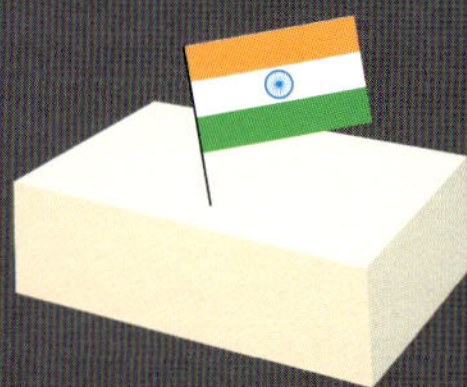

Paneer

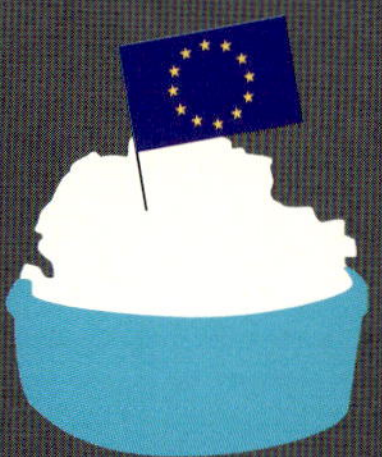

Cottage

Fresco
Leche cuajada amoldada en forma de queso

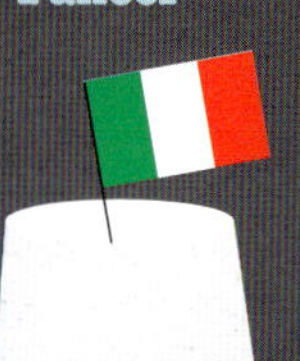

Ricotta

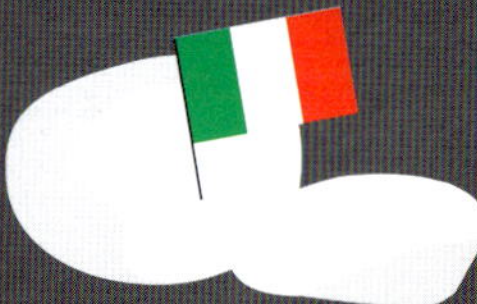

Mozzarella

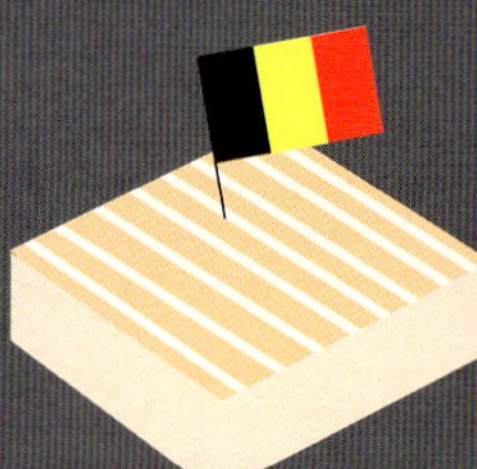

Hervé

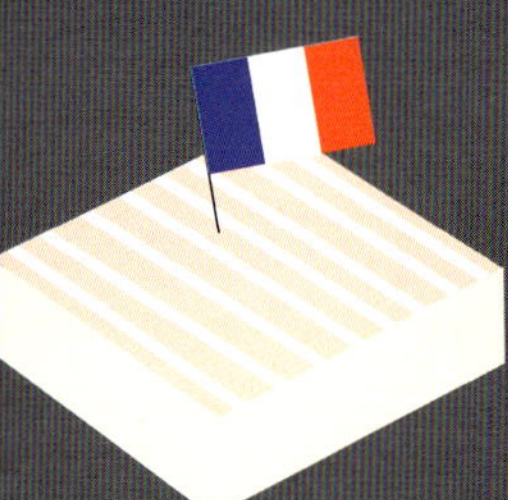

Pont l'Évêque

Cremoso
Alto contenido de humedad y menos presión en el molde durante un corto período de tiempo

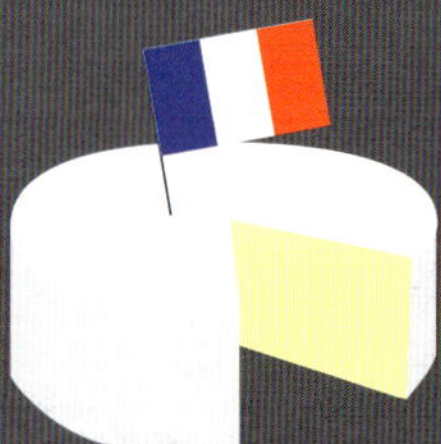

Camembert

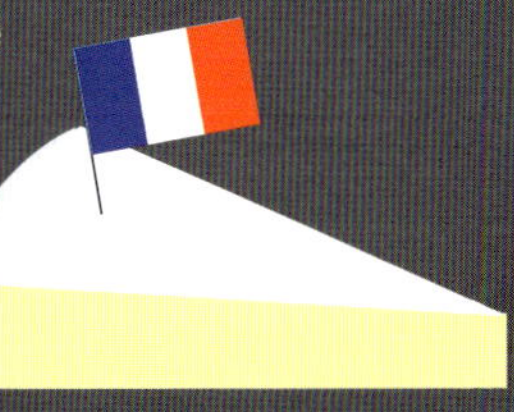

Brie

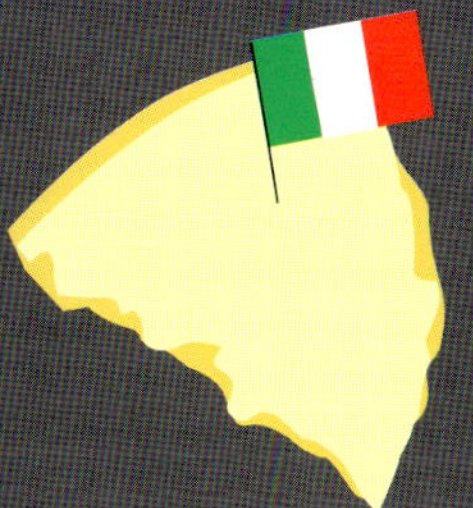

Parmesan

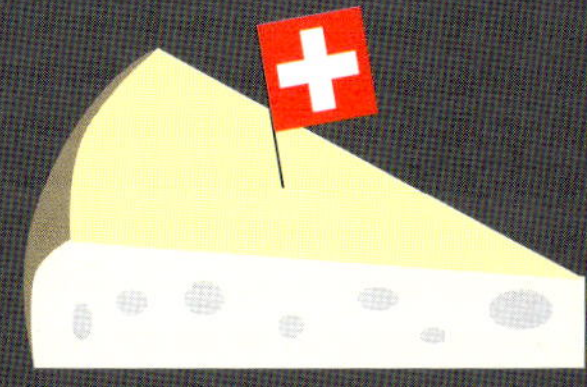

Emmental

Curado

Bajo contenido de humedad y mayor presión en el molde durante un largo período de tiempo.

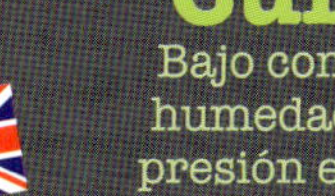

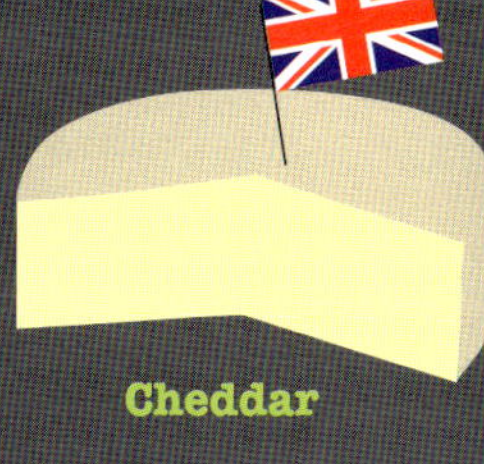

Cheddar

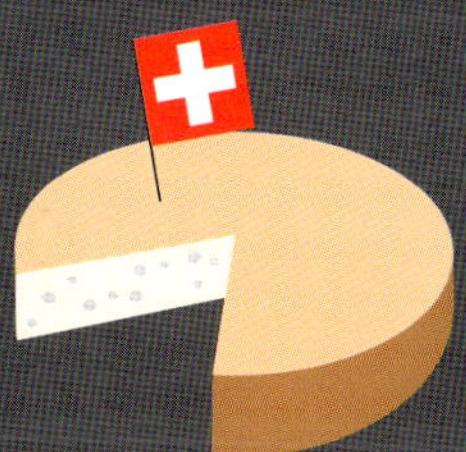

Gruyère

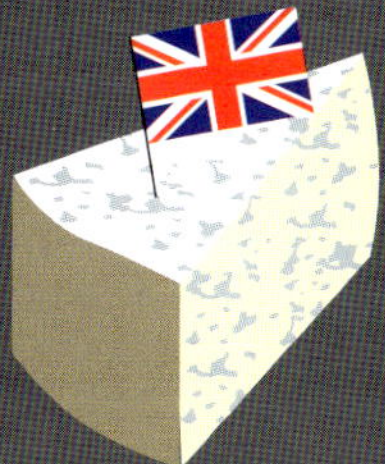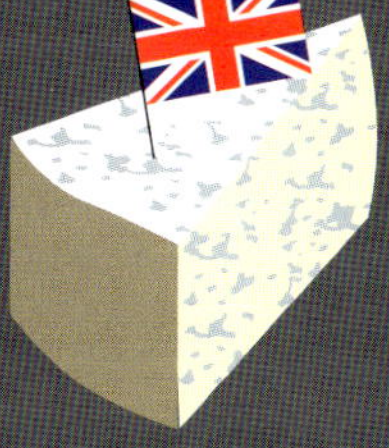

Stilton

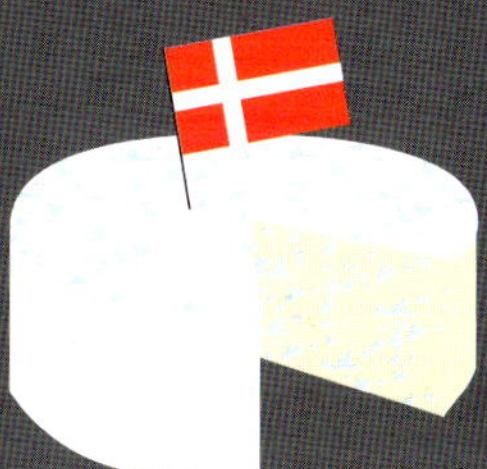

Danish blue

Azul

Se le agregan cultivos del moho Penicillium para crear las características venas.

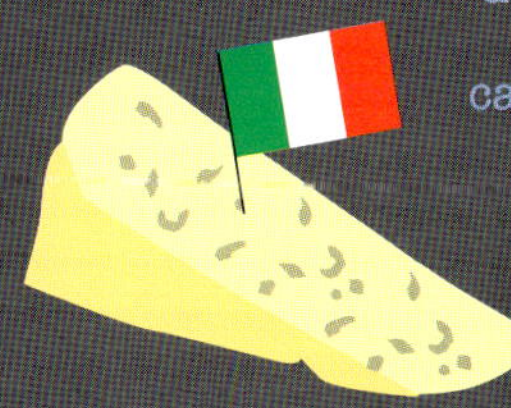

Gorgonzola

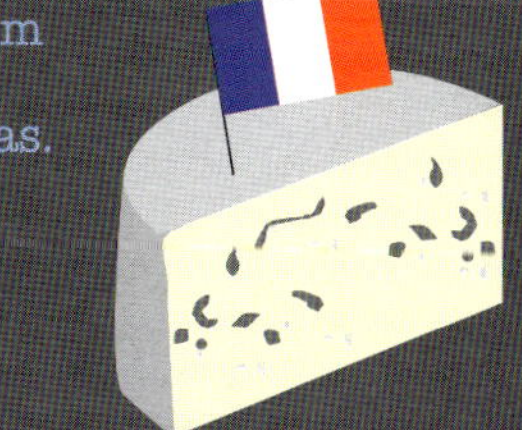

Roquefort

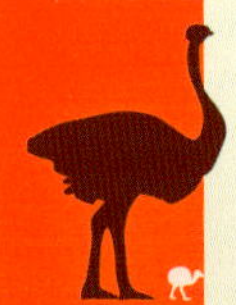

Ratón: 19 días
Adulto: 25 g
Cría: 5 g
Nombre de la cría: cachorro
Edad a la que comienzan a caminar: 2 semanas

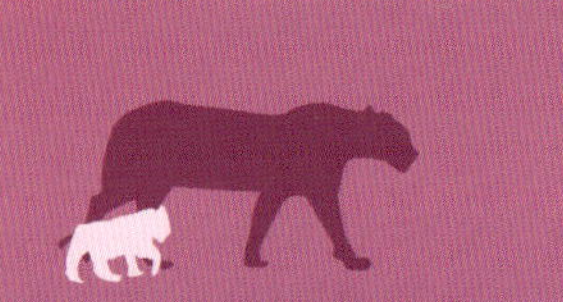

Avestruz: 42 días
Adulto: 130 kg
Cría: 1,4 kg
Nombre de la cría: polluelo
Edad a la que comienzan a caminar: 1-2 minutos

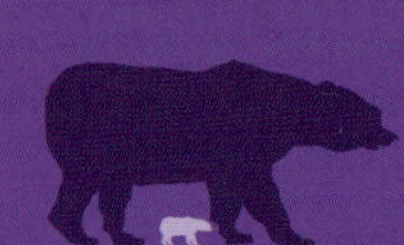

León: 108 días
Adulto: 200 kg
Cría: 14 kg
Nombre de la cría: cachorro
Edad a la que comienzan a caminar:
2 semanas

Oso pardo: 220 días
Adulto: 400 kg
Cría: 0,5 kg
Nombre de la cría: osezno
Edad a la que comienzan a caminar: 8-12
semanas

Humano: 266 días
Adulto: 83 kg
Progenie: 3,2 kg
Nombre de la progenie: bebé
Edad a la que comienzan a caminar: 10-13
meses

Jirafa: 457 días
Adulto: 1.300 kg
Cría: 55 kg
Nombre de la cría: cría de jirafa
Edad a la que comienzan a caminar: al cabo d
1 hora

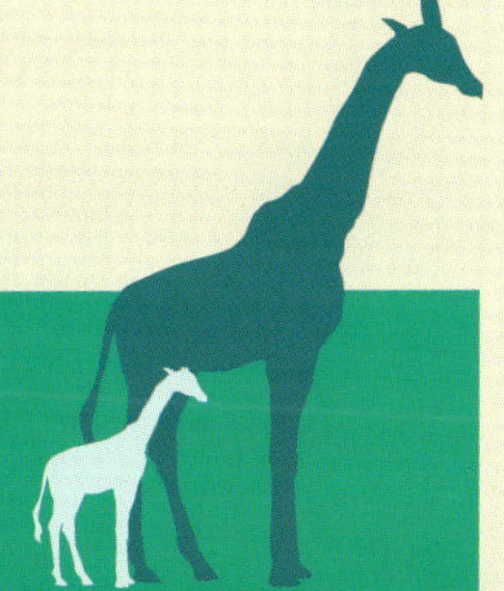

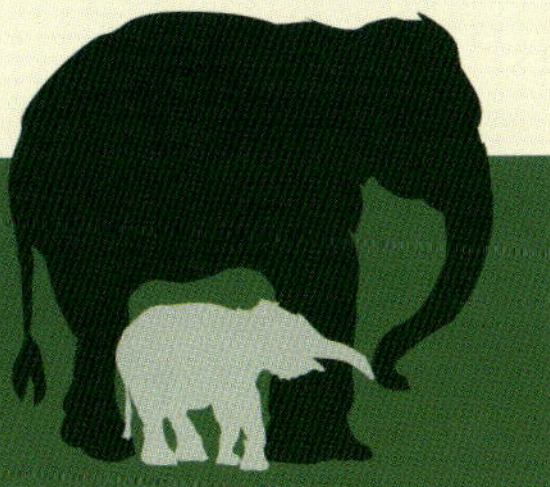

Elefante: 645 días
Adulto: 3.500 kg
Cría: 113 kg
Nombre de la cría: cría de elefante
Edad a la que comienzan a caminar: al cabo de 1 hora

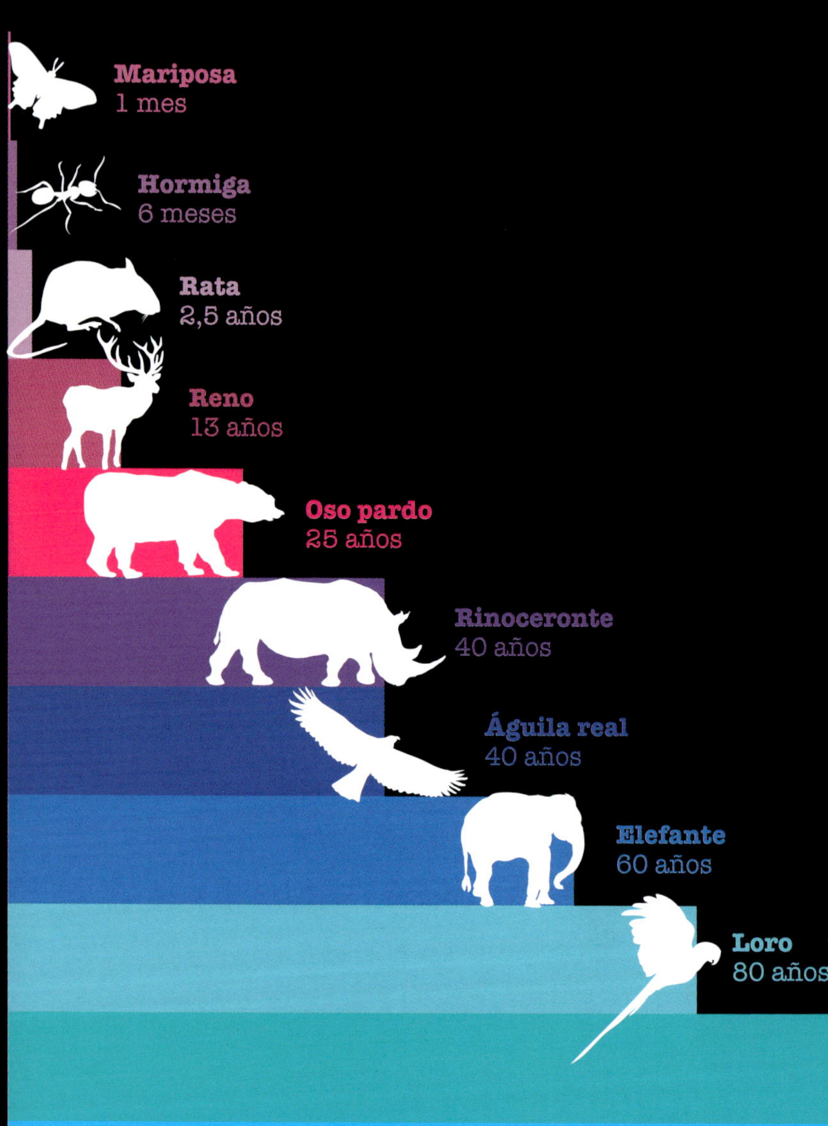

Mariposa
1 mes
Hormiga
6 meses
Rata
2,5 años
Reno
13 años
Oso pardo
25 años
Rinoceronte
40 años
Águila real
40 años
Elefante
60 años
Loro
80 años

Tortuga de las Galápagos
150 años

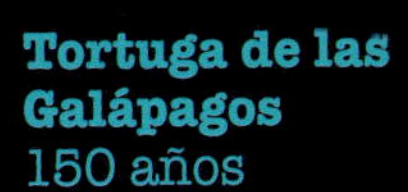

Tiburón de Groenlandia
400 años

Disposición de una orquesta

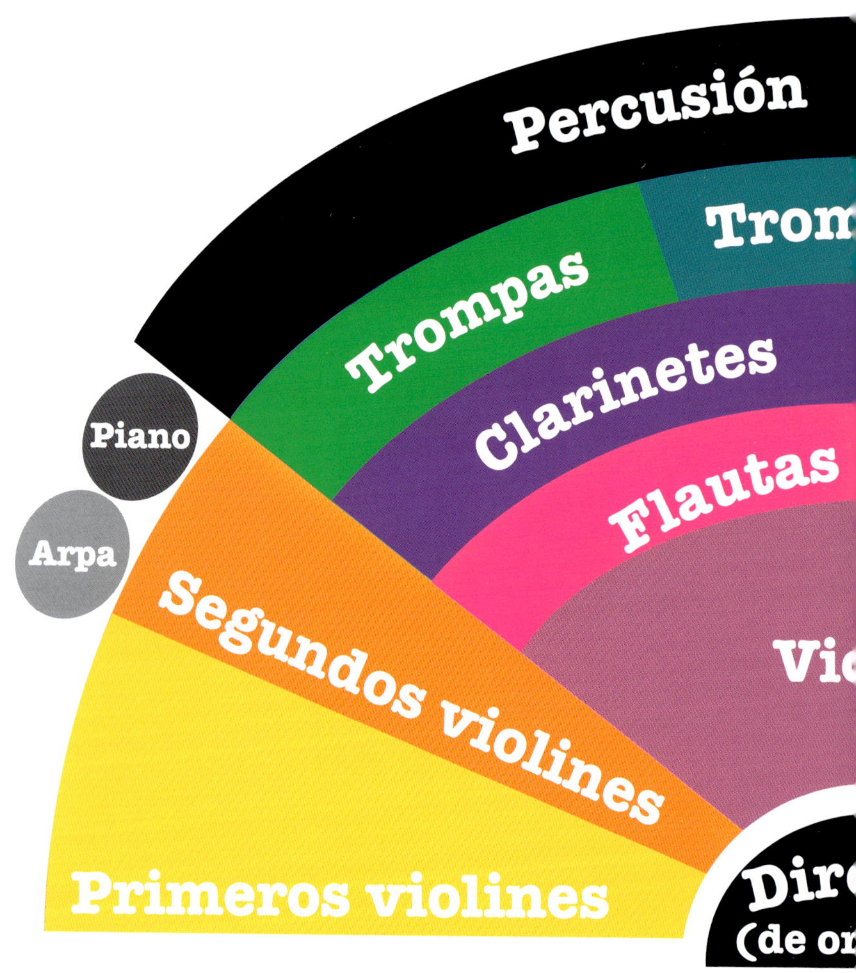

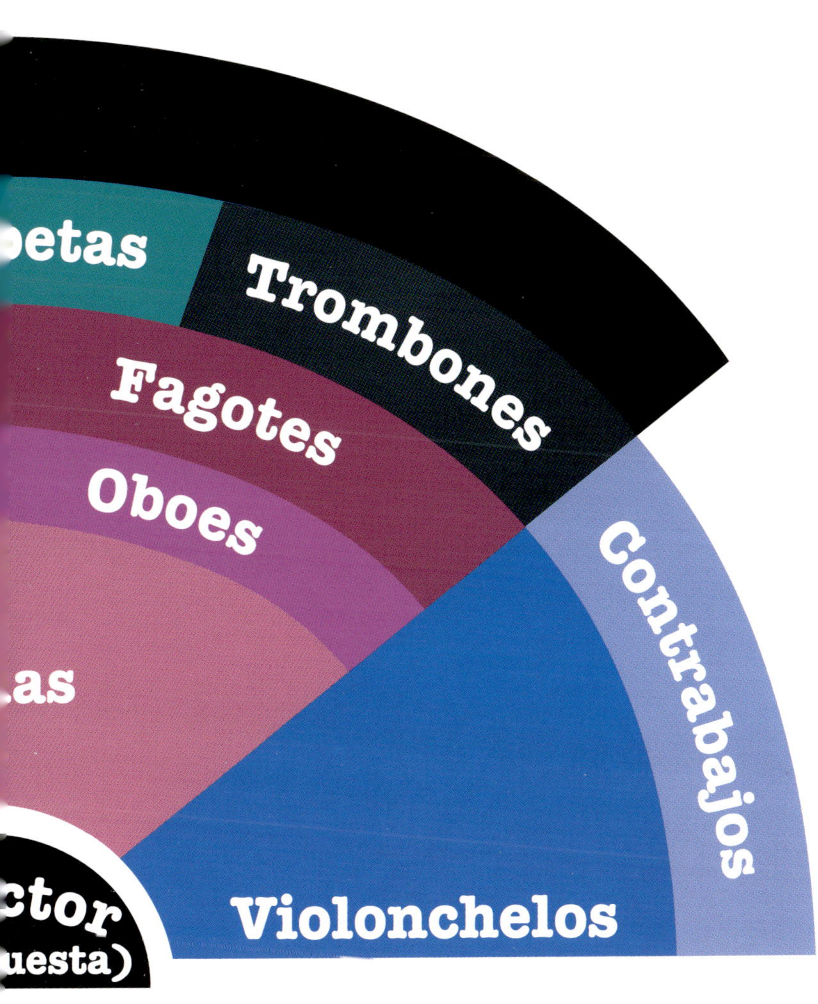

...petas
Trombones
Fagotes
Oboes
...as
Contrabajos
Violonchelos
...ctor
(...uesta)

Matices vocales de ópera

Soprano

Mezzo-Soprano

Alto/Contralto

Tenor

Barítono

Bajo

Patrones de dirección orquestal

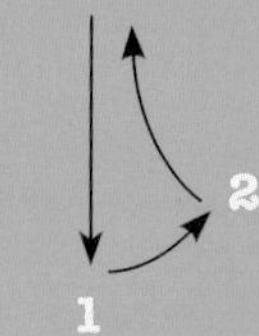

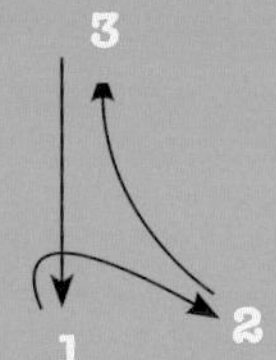

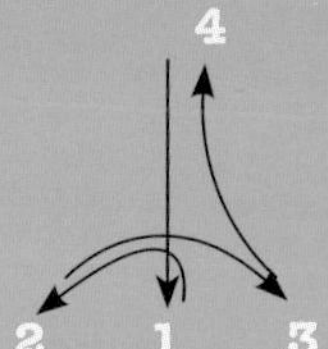

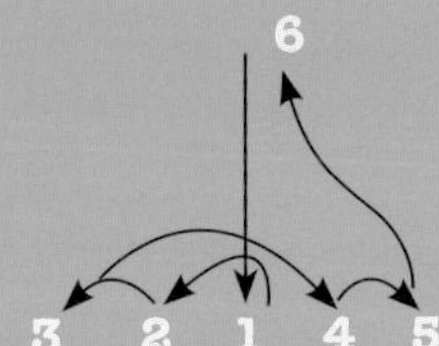

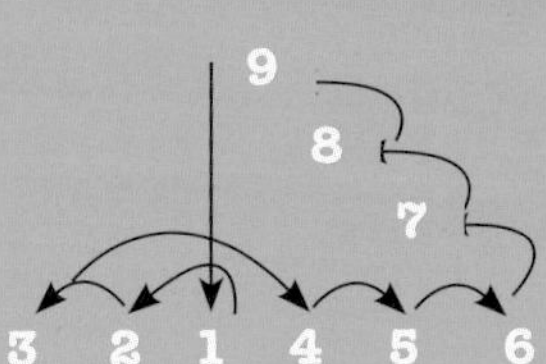

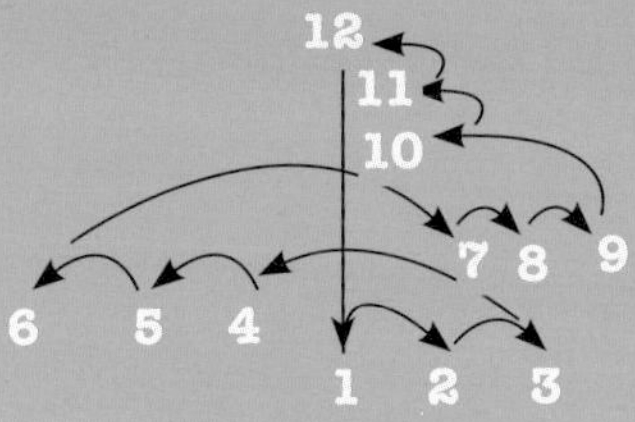

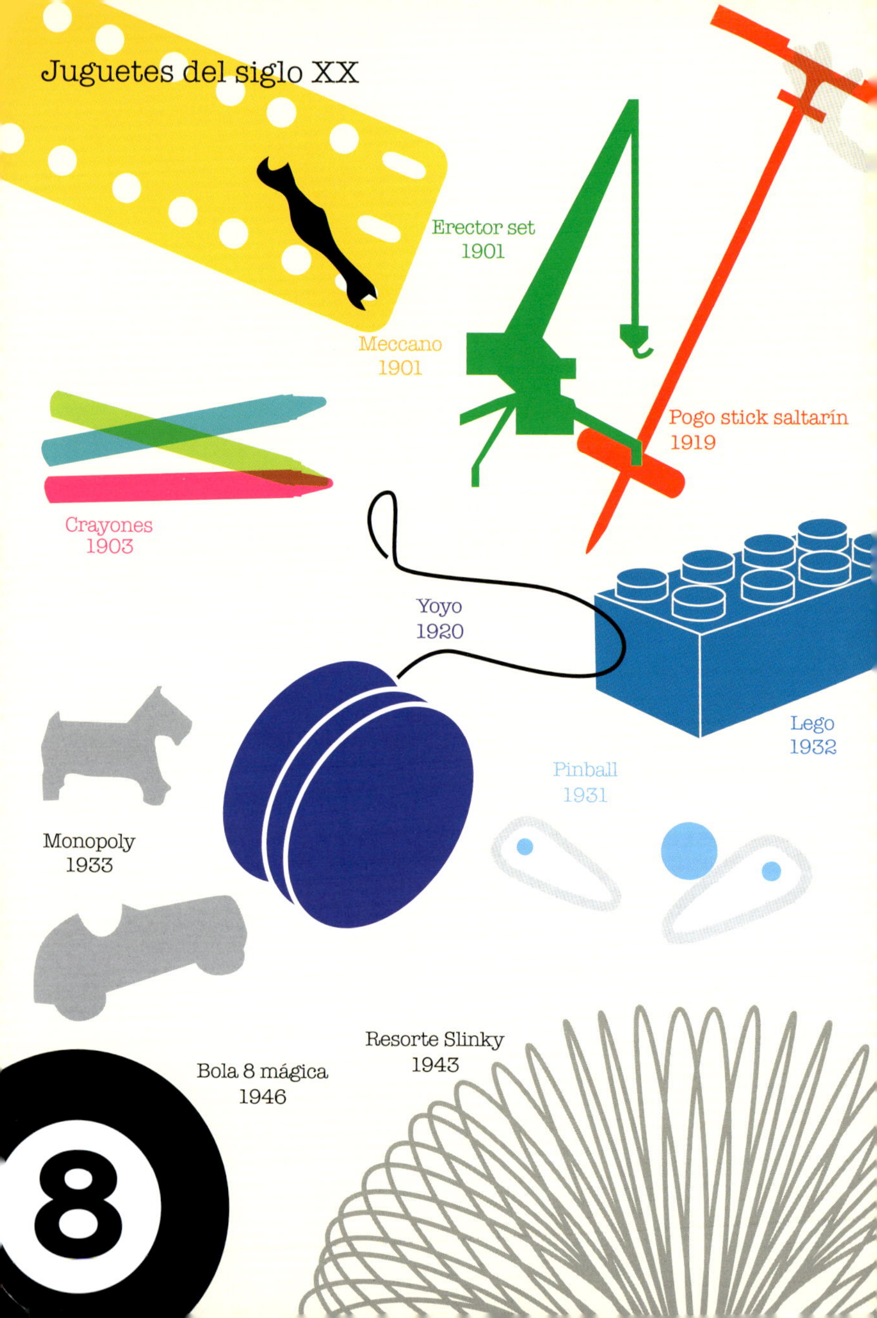

Juguetes del siglo XX
Erector set
1901
Meccano
1901
Pogo stick saltarín
1919
Crayones
1903
Yoyo
1920
Lego
1932
Pinball
1931
Monopoly
1933
Resorte Slinky
1943
Bola 8 mágica
1946

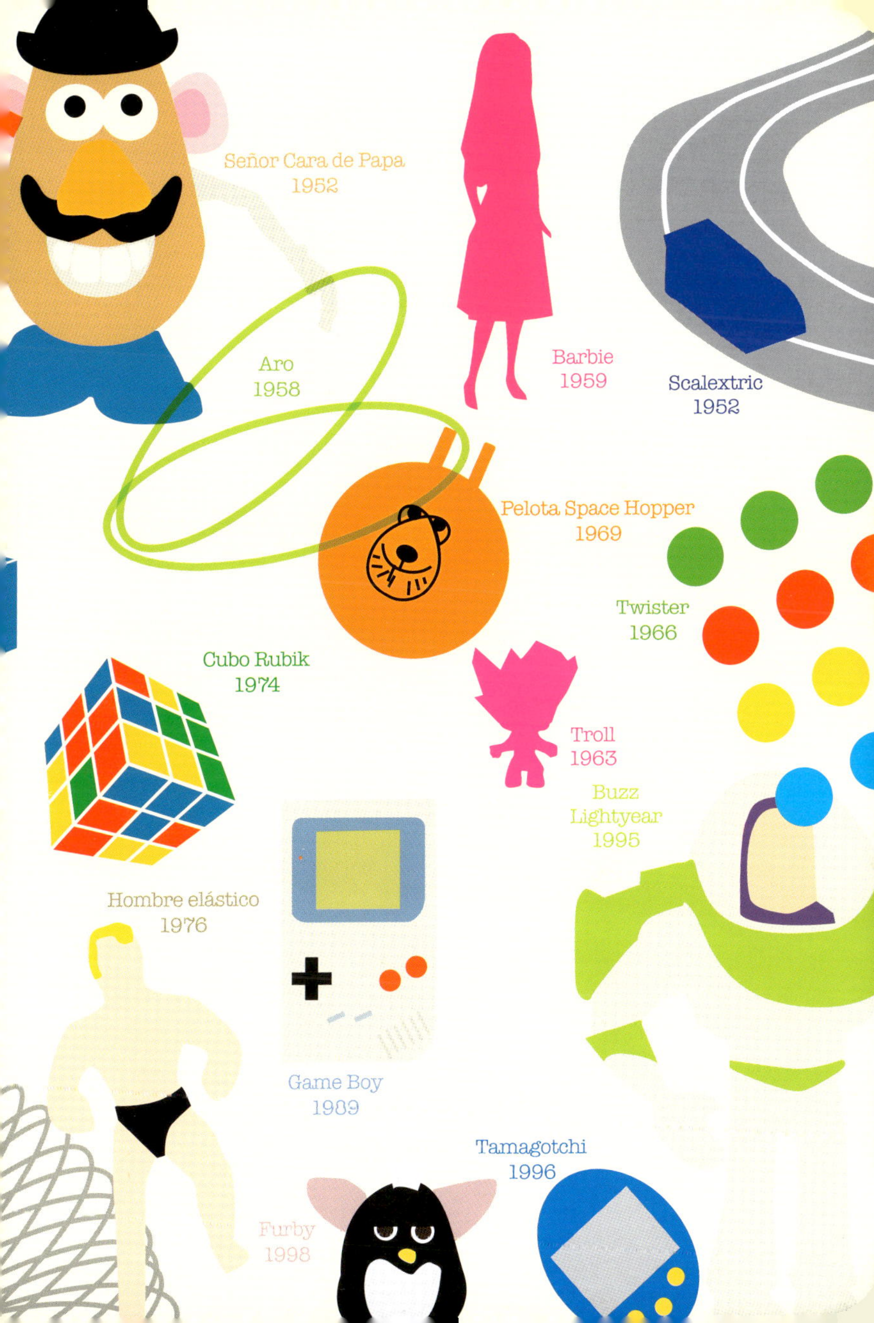

Señor Cara de Papa
1952
Barbie
1959
Scalextric
1952
Aro
1958
Pelota Space Hopper
1969
Twister
1966
Cubo Rubik
1974
Troll
1963
Buzz
Lightyear
1995
Hombre elástico
1976
Game Boy
1989
Tamagotchi
1996
Furby
1998

Camuflaje

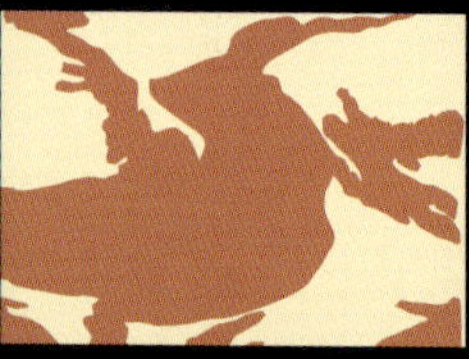

Reino Unido
Desert

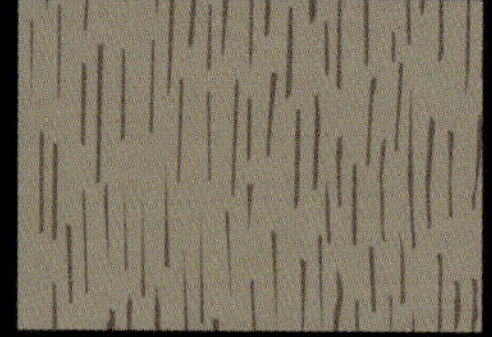

Polonia
Pine

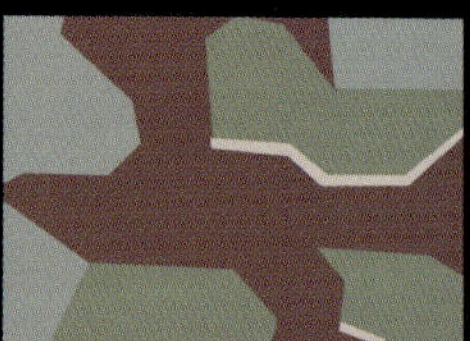

Alemania
Splinter

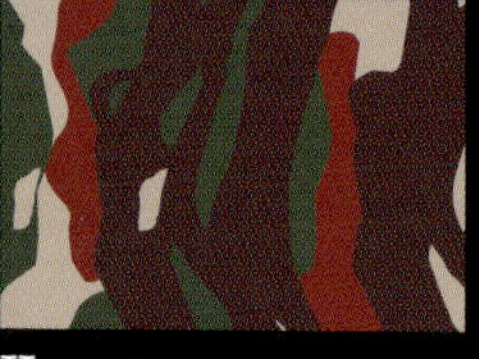

Kopassus
Blood vine

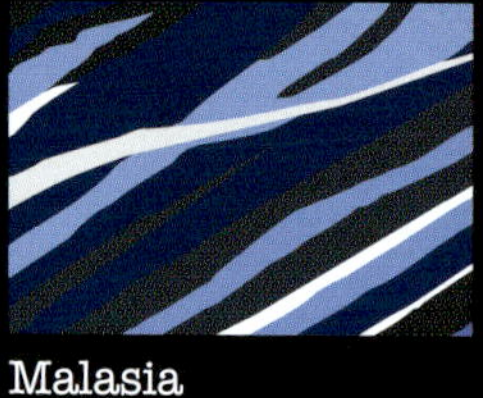

Malasia
Khidmat Negara

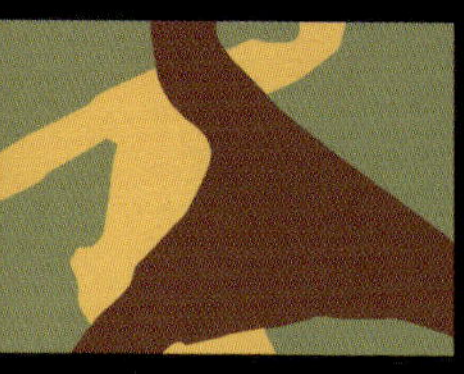

Yugoslavia
Branches

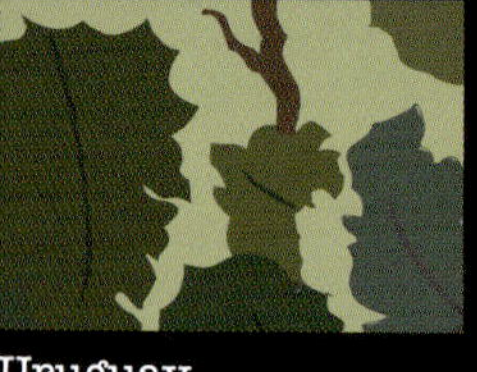

Uruguay
Patrón Mitchell

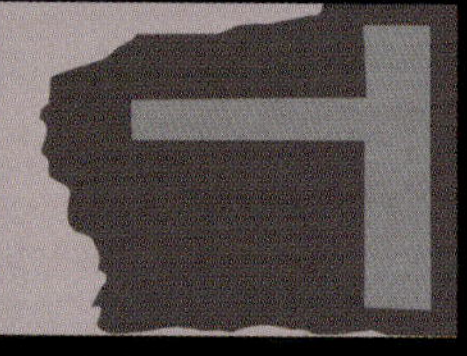

EE.UU.
Urban

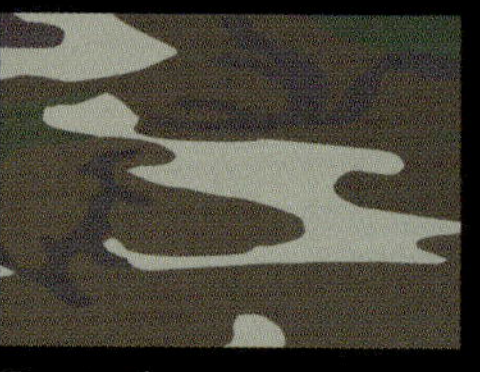

Turquía
Hoja comprimida

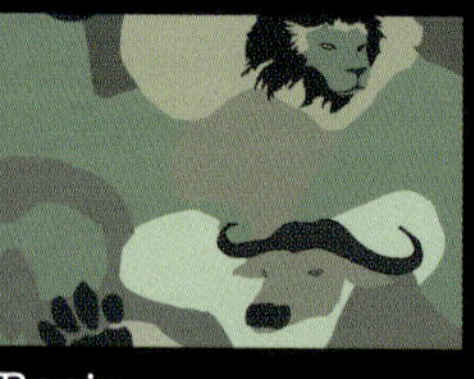

Benin
Airborne

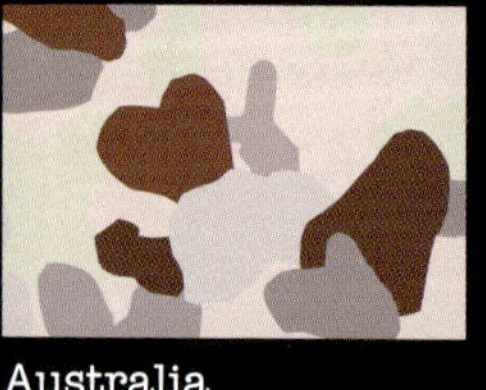

Australia
AUSCAM desert

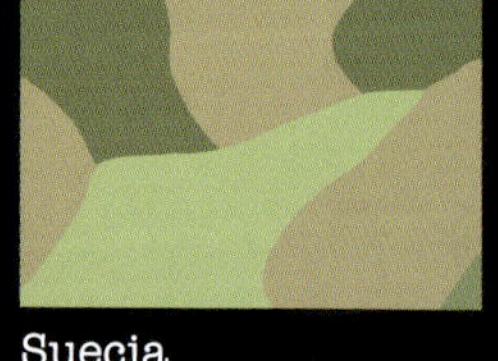

Suecia
Feltantrekk

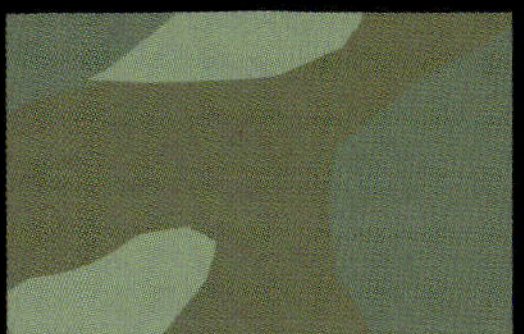

Vietnam
Patrón de hoja

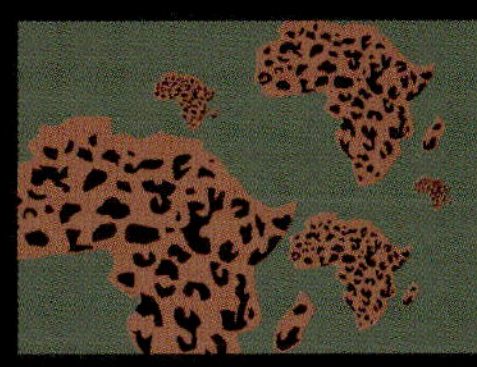

Libia
Africa corps

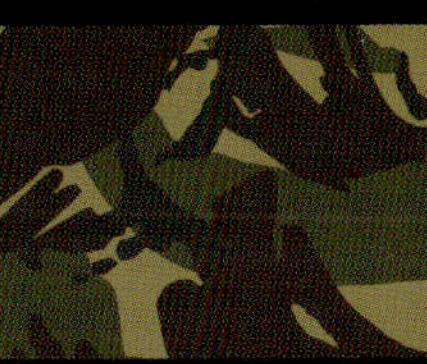

Reino Unido
Woodland

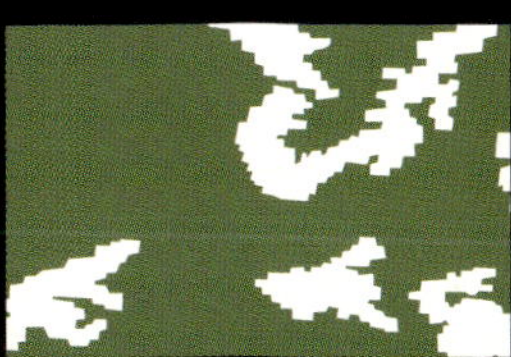

URSS
Patrón pixelado

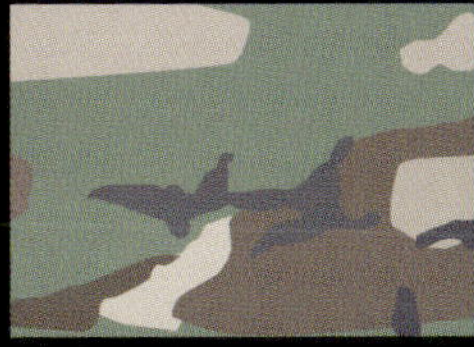

EE.UU.
Woodland

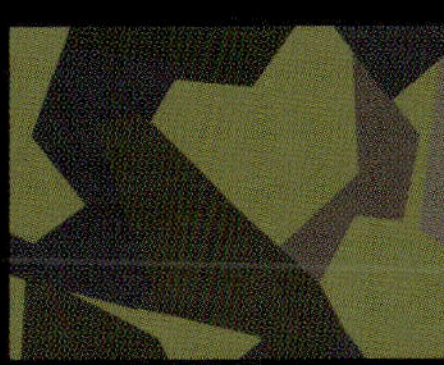

Suecia
Fältjacka

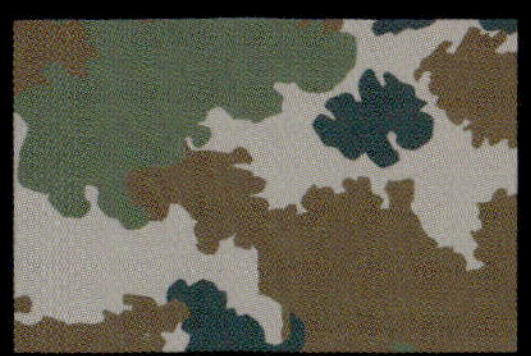

Alemania
Patrón de flores

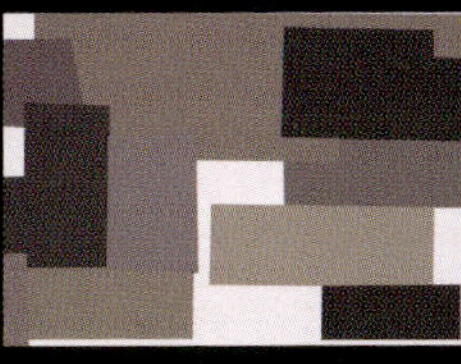

Filipinas
PSG

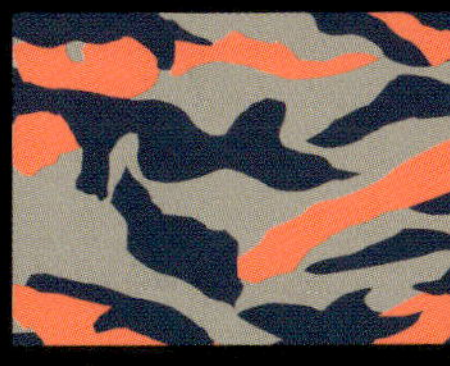

Malasia
Bomba

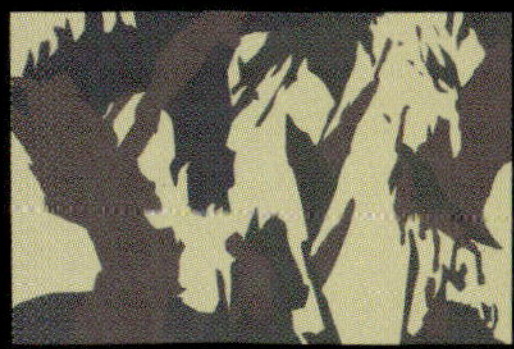

Uganda
Lizard

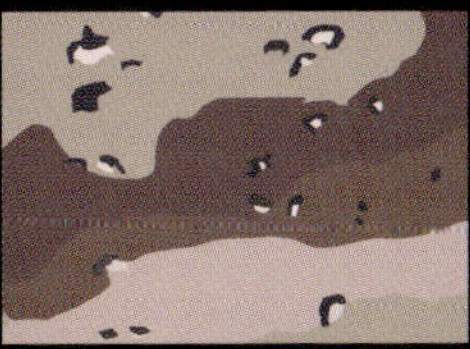

España
Desert

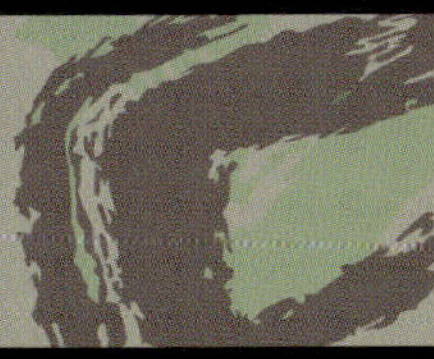

Portugal
Lizard

VISUAL
Buenos Aires, Asunto Impreso Ediciones,
2017

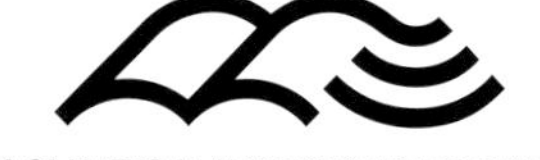

ASUNTOIMPRESOEDICIONES

www.asuntoimpreso.com
www@asuntoimpreso.com
(54 11) 4383-6262
Pasaje Rivarola 169 (1015)
Buenos Aires, Argentina

© Draught Associates, en asociación con
Black Dog Publishing
Limited 10A Acton Street London WC1X
9NG United Kingdom

Título original
*Visual Aid: Stuff You've Forgotten, Things You
Never Thought You Knew and Lessons You
Didn't Quite Get Around to Learning*
incluye material seleccionado de:
Visual Aid 2: You Can Never Know Enough Stuff.
Ambos publicados por Draught Associates
y Black Dog Publishing

Coordinación editorial
Renata Cercelli
Traducción
Sofía Basso
Composición de tapa
Victoria Villalba
Composición de interior
Brenda Wainer

ISBN 978-950-533-032-4

Anónimo
Visual. - 1a ed . - Ciudad Autónoma de Buenos Aires : Asunto Impreso Ediciones, 2017.
176 p. ; 18 x 13 cm.
Traducción de: Sofía Basso.
ISBN 978-950-533-032-4
1. Enciclopedias Generales. 2. Cultura Ge-
neral. I. Basso, Sofía, trad. II. Título.
CDD 030

Queda hecho el depósito que establece la ley
11.723
Libro de edición argentina.
Impreso en China. *Printed in China.*

Ejemplares impresos en Asia Pacific Offset LTD,
Unit C-E, 11/F, Yeung Yiu Chung (no.8) Ind/Bldg.
20 Wang Hoi Road, Kowloon Bay, Hong Kong, en
el mes de enero de 2017.